"一带一路"列国人物传系

总主编◎王　丽

# 瑞士名人传

## THE LEGEND OF THE PEOPLE ALONG THE BELT AND ROAD
## FAMOUS NAMES OF SWITZERLAND

主编◎王灵桂

当代世界出版社
THE CONTEMPORARY WORLD PRESS

图书在版编目（CIP）数据

瑞士名人传 / 王丽主编;王灵桂分册主编.--
北京:当代世界出版社, 2021.1
（"一带一路"列国人物传系）
ISBN 978-7-5090-1506-3

Ⅰ.①瑞… Ⅱ.①王… ②王… Ⅲ.①人物－列传－
瑞士 Ⅳ.① K835.22

中国版本图书馆 CIP 数据核字 (2019) 第 100824 号

---

书　　名："一带一路"列国人物传系·瑞士名人传
出版发行：当代世界出版社
地　　址：北京市东城区地安门东大街70-9号
网　　址：http://www.worldpress.org.cn
邮　　箱：ddsjchubanshe@163.com
编务电话：(010) 83907528
发行电话：(010) 83908410（传真）
　　　　　13601274970
　　　　　18611107149
　　　　　13521909533
经　　销：新华书店
印　　刷：北京中科印刷有限公司
开　　本：880毫米×1230毫米　　1/32
印　　张：7.5
字　　数：132千字
版　　次：2021年1月第1版
印　　次：2021年1月第1次
书　　号：ISBN 978-7-5090-1506-3
定　　价：42.00元

# 总 序
## 群星闪耀"一带一路"

2013 年 9 月 7 日，中国国家主席习近平在哈萨克斯坦纳扎尔巴耶夫大学发表演讲，以博古通今的睿智对大学生们娓娓道来丝绸之路古老而年轻的故事。

"2100 多年前，中国汉代的张骞肩负和平友好使命，两次出使中亚，开启了中国同中亚各国友好交往的大门，开辟出一条横贯东西、连接欧亚的丝绸之路。

我的家乡陕西，就位于古丝绸之路的起点。站在这里，回首历史，我仿佛听到了山间回荡的声声驼铃，看到了大漠飘飞的袅袅孤烟。这一切，让我感到十分亲切。

哈萨克斯坦这片土地，是古丝绸之路经过的地方，曾经为沟通东西方文明，促进不同民族、不同文化相互交流和合作作出过重要贡献。东西方使节、商队、游客、学者、工匠川流不息，沿途各国互通有无、互学互鉴，共同推动了人类文明进步。"[1]

---

[1] 《习近平谈治国理政》，北京：外文出版社，2014 年 10 月第 1 版，第 287 页。

"不同种族、不同信仰、不同文化背景的国家完全可以共享和平、共同发展。这是古丝绸之路留给我们的宝贵启示"，"为了使我们欧亚各国经济联系更加紧密、相互合作更加深入、发展空间更加广阔，我们可以用创新的合作模式，共同建设'丝绸之路经济带'"。[1]

推己及人，高瞻远瞩，引领时代，习近平主席在阿斯塔纳[2]通过哈萨克斯坦人民，首次向世界发出了让古老的丝路精神再次焕发青春和光彩的时代宣言。

2013年10月3日，习近平主席在印度尼西亚国会发表了题为《携手建设中国—东盟命运共同体》的演讲，首次向世界发出共建21世纪海上丝绸之路的倡议。

"东南亚地区自古以来就是'海上丝绸之路'的重要枢纽，中国愿同东盟国家加强海上合作，使用好中国政府设立的中国—东盟海上合作基金，发展好海洋合作伙伴关系，共同建设21世纪'海上丝绸之路'"，"发挥各自优势，实现多元共生、包容共进，共同造福于本地区人民和世界各国人民"。[3]

这个倡议和9月7日的演讲异曲同工、遥相呼应、互为

---

[1] 《习近平谈治国理政》，北京：外文出版社，2014年10月第1版，第287页。

[2] 哈萨克斯坦首都，2019年3月改名为努尔苏丹。

[3] 《习近平谈治国理政》，北京：外文出版社，2014年10月第1版，第293-295页。

映衬，完整地提出了"丝绸之路经济带"和"21世纪海上丝绸之路"的宏伟构想。

从广袤的亚欧腹地哈萨克斯坦到风光旖旎的印度尼西亚，习近平主席提出的"丝绸之路经济带"和"21世纪海上丝绸之路"吸引了世界各国的目光。从2013年9月至2016年8月，习近平主席出访37个国家（亚洲18国、欧洲9国、非洲3国、拉美4国、大洋洲3国），对"一带一路"倡议的总体框架和基本内涵做了充分阐述。和平合作、开放包容、互学互鉴、互利共赢的丝路精神，共商、共建、共享的治理理念，驱散了"去全球化"的阴霾，为增长乏力的世界经济注入新的动能。各国纷纷将本国经济发展与中国政府制定的《推动共建丝绸之路经济带和21世纪海上丝绸之路的愿景与行动》规划相对接。"一带一路"倡导的政策沟通、设施联通、贸易畅通、资金融通、民心相通，正在以基础设施、经贸合作、产业投资、能源资源、金融支撑、人文交流、生态环保、海洋合作等为载体和依托，在全球掀起了投资兴业、互联互通、技术创新、产能合作的新势头。2016年中国牵头成立有57个成员国加入的亚洲基础设施投资银行（AIIB），截至2018年12月19日成员总数增至93个，在13个国家开展35个项目。孟加拉配电系统升级扩容项目、印尼全国棚户区改造项目、巴基斯坦国家高速公路项目和塔吉克斯坦杜尚别至乌兹别克斯坦道路改造项目已经获得亚投行融资支持，共商共建共享成为现实。

"一带一路"倡议得到国际社会的积极响应。2016 年 11 月 17 日，第 71 届联合国大会 193 个成员国一致赞同，通过了第 A/71/9 号决议，欢迎"一带一路"倡议，敦促各方通过参与"一带一路"倡议，促进阿富汗及地区经济发展，呼吁国际社会为开展"一带一路"建设提供安全环境保障。2017 年 3 月 17 日，联合国安理会一致通过第 2344 号决议，呼吁国际社会凝聚援助阿富汗共识，通过"一带一路"建设等加强区域经济合作，敦促各方为"一带一路"建设提供安全环境保障。

2017 年 1 月，习近平主席在联合国日内瓦总部发表题为《共同构建人类命运共同体》的重要演讲，全面深入系统阐述人类命运共同体重大理念，为解决全球性挑战提出中国方案，在国际上引起热烈共鸣，受到各方普遍欢迎和高度评价。3 月 23 日，联合国人权理事会第 34 次会议通过关于"经济、社会、文化权利"和"粮食权"两个决议，决议明确表示支持 "构建人类命运共同体"。这是人类命运共同体理念首次载入联合国人权理事会决议，标志着这一理念成为国际人权话语体系的重要组成部分。

"一带一路"不是中国的独角戏，是与亚、欧、非洲及世界各国共同奏响的交响乐。中国恪守联合国宪章宗旨和原则，坚持开放合作、和谐包容、政策沟通，培育政治互信，建立合作共识，协调发展战略，促进贸易便利化及多边合作体制机制。中国携手 100 多个国家和地区，依托国际大通道，以陆上沿线中心城市为支撑，以重点经贸产业园区为合作平台，共同打造的新亚欧大陆桥、中蒙俄、中国—中亚—西亚、中巴、孟中印缅、中国—中南半岛等国际经济合作走廊进展顺利，中欧班列在贸易畅通上动力强劲、风景亮丽；以海上重点港口为节点，共同建设通畅安全高效的运输通道，实现陆海联动，太平洋、印度洋、大西洋上巨轮往来频繁，互通有无。亚太经合组织、亚欧会议、大湄公河次区域合作的有关决议和文件，都体现了"一带一路"建设内容。丝路基金、开发性金融、供应链金融汇聚全球财富，建设绿色、健康、智慧、和平的丝绸之路，增进各国民众福祉。

"一带一路"是人类历史上前所未有的宏伟蓝图，也是横跨亚非欧连接世界各国的暖心红线。丝绸之路经济带包括中国经中亚、俄罗斯至欧洲（波罗的海），中国经中亚、西亚至波斯湾、地中海，中国至东南亚、南亚、印度洋；21 世纪海上丝绸之路包括从中国沿海港口过南海到印度洋再延伸至欧洲和南太平洋。一路驼铃声声、舟楫相望，互通有无、友好交往。

在新的时代，在创新古老丝路精神的伟大进程中，习近平主席专门缅怀丝路开拓者，特意致敬古丝路精神奠基人：

"我们的祖先在大漠戈壁上'驰命走驿,不绝于时月',在汪洋大海中'云帆高张,昼夜星驰',走在了古代世界各民族友好交往的前列。甘英、郑和、伊本·白图泰是我们熟悉的中阿交流友好使者。丝绸之路把中国的造纸术、火药、印刷术、指南针经阿拉伯地区传播到欧洲,又把阿拉伯的天文、历法、医药介绍到中国,在文明交流互鉴史上写下了重要篇章。

"千百年来,丝绸之路承载的和平合作、开放包容、互学互鉴、互利共赢精神薪火相传。"[1]

这种吃水不忘挖井人的情怀,再次展现了中华民族不忘历史、纪念先贤、展望未来的优秀文化基因,也为中国传记文学学会参加"一带一路"建设指明了方向和道路。

在古老的丝绸之路上,我们不曾相忘:张骞出使西域到过的世界上最大的内陆国家哈萨克斯坦、山高水长的好邻居巴基斯坦、横跨欧亚大陆的俄罗斯、草原之国蒙古、喜马拉雅浮世天堂尼泊尔、菩提恒河保佑之国印度、文化瑰宝伊朗、首创法典之国伊拉克、红海门户也门、石油王国沙特阿拉伯、波斯湾明珠巴林、雪松之国黎巴嫩、海湾之秀科威特、沙漠之巅阿联酋、半岛明珠卡塔尔、霍尔木兹海峡守门人阿曼、

---

[1] 习近平:《弘扬丝路精神,深化中阿合作》,2014年6月5日,习近平在中—阿合作论坛第六届部长级会议开幕式上的讲话,载《人民日报》,2014年6月6日,第1版。

万湖之国白俄罗斯、欧亚十字路口土耳其、流着奶和蜜之地以色列、欧洲粮仓乌克兰、亚平宁半岛上的文化巅峰意大利、欧洲屋脊瑞士、玫瑰之国保加利亚、与灵魂对话的思辨之国德意志、欧洲文化殿堂法兰西、欧洲客厅比利时、郁金香之国荷兰、热情如火的西班牙，还有绅士国度英国、北非金字塔之国埃及、非洲屋脊埃塞俄比亚、香草之都马达加斯加，等等。

沿着海上丝绸之路，我们会领略橡胶王国马来西亚、花园国度新加坡、千岛之国菲律宾、赤道翡翠之国印度尼西亚；沿澜沧江一路南下，我们不曾相忘澜湄泽润之国越南、千佛之国泰国、微笑之国柬埔寨、万象之都老挝、印度洋上明珠之国斯里兰卡、印度洋上的明珠和钥匙毛里求斯、堆金积玉之国文莱、追求自由之国东帝汶、印度洋上的世外桃源马尔代夫、骑在羊背上的国家澳大利亚、上帝的后花园新西兰；等等。

"一带一路"沿线国家里，那些千百年来影响了人类与社会发展、国家与民族命运，并与中国曾经有过交往的古今人物，至今还能在教科书、影视剧里看到他们，还能感受到他们在一代又一代年轻人身上所产生的影响和魅力。

当然，对于中国人来说，更为熟悉的是丝绸之路的开拓者。曾记否？丝绸之路开拓者中，有汉武帝和他的使节们，有首开大唐盛世的唐太宗及其臣民，有再续睦邻通商航海路的宋祖朝廷和无数先贤，还有金戈铁马风漫卷的元代人物，一统江山万里帆的明代人物，环球凉热自清浊的清代人物，东西碰撞溅火花的近代人物，还有经受风雨变迁、勇立海国之志的现代人物，更有丝路明珠敦煌莫高窟的守护者，卫国助邻的将军和通司中外的外交家们。当然，数风流人物，还看今朝，我们不能不浓墨重彩地讴歌那些智通商海，投身到新丝路建设中的当代人物。

耕云播雨，香火延续，智慧传承，历史再续！2100 多年的友好交往历史从未隔断，惠及三大洲的中西交流从未停歇，21 世纪的"中国梦"和"世界梦"汇成了人类命运共同体的时代和弦，响彻在"一带一路"辽阔的长空。也正因如此，2017 年 5 月，北京喜迎来自"一带一路"相关国家的元首、政府首脑、前政要、知名企业家和专家学者等各界代表，以及国际组织的负责人等千名领袖，出席第一届"一带一路"国际合作高峰论坛。"千人盛会"共襄"团结互信、平等互利、包容互鉴、合作共赢"[1] 之盛举，共商"造福沿途各国人民的大事业"[2] 之合作共赢大计。这是中华民族和世界历史上都应该铭记的大日子。

以人物传记写作为己任的中国传记文学学会，在"一带

---

[1]　习近平：《弘扬人民友谊，共创美好未来》，2013 年 9 月 7 日，习近平主席在哈萨克斯坦纳扎尔巴耶夫大学的演讲。
[2]　同上。

一路"倡议实施中，肩负"讲好'一带一路'民心相通好故事"的使命和责任，这也是国家赋予我们的根本职责和任务。在中国文学艺术界联合会的领导下，在中国社会科学院国家全球战略智库指导下，中国传记文学学会以赤诚的家国情怀、强烈的时代精神、为人传记的责任担当，在认真调研、周密谋划、精心组织基础上，毅然决定倾注全力组织编写出版《"一带一路"列国人物传系》。此煌煌百卷传系讲述近千名各国人物故事，集数百位专家作家尽心挥毫，夜以继日，……幸得中国民营经济国际合作商会倾力赞助，又得中央文化企业当代世界出版社有限公司出版发行。于是，各位读者得以读到手中的这套活泼而不失厚重、有趣而不失学养的列国人物合传书卷。

孔子曰："仁者，人也。"让各国的先贤智者的思想光辉，照亮我们探索人类未来的道路。

传记明志，落笔为文，是为总序。

中国传记文学学会会长

《"一带一路"列国人物传系》编委会主任　王丽博士

2019 年 3 月 30 日

# Introduction:
# The Star-studded "Belt and Road"

On September 7, 2013, Chinese President Xi Jinping delivered a speech at Kazakhstan's Nazarbayev University, telling college students the ancient yet up to date stories of the Silk Road with well-versed wisdom.

"More than 2,100 years ago during the Han Dynasty (206 BC-AD 220), a Chinese envoy named Zhang Qian was twice sent to Central Asia on missions of peace and friendship. His journeys opened the door to friendly contacts between China and Central Asian countries, and started the Silk Road linking east and west, Asia and Europe.

Shaanxi, my home province, is right at the starting point of the ancient Silk Road. Today, as I stand here and look back at that history, I seem to hear the camel bells echoing in the mountains and see the wisp of smoke rising from the desert, and this gives me a specially good feeling.

Kazakhstan, located on the ancient Silk Road, has made an important contribution to the exchanges between the Eastern and Western civilizations and the interactions and cooperation between various nations and cultures. This land has borne witness to a steady stream of envoys, caravans, travelers, scholars and artisans traveling between the East and the West. The exchanges and mutual learning thus jointly promoted the progress of human civilization."[1]

"[C]ountries of different races, beliefs and cultural backgrounds are fully able to share peace and development. This is the valuable inspiration we have drawn from the ancient Silk Road," and "[t]o forge closer economic ties, deepen cooperation and expand development space in the Eurasian region, we should take an innovative approach and jointly build an economic belt along the Silk Road." [2]

With caring, vision and leadership, through the people of Kazakhstan in Astana, President Xi Jinping, for the first time, has made a declaration to the world that will rejuvenate the spirit of the ancient Silk Road.

On October 3, 2013, President Xi Jinping gave a speech titled "Work together to build a China-Asean community with a shared future "at the people's Representative Council of Indonesia, proposing to the world to build a 21st Century Maritime Silk Road.

"Southeast Asia has since ancient times been an important hub along the ancient Maritime Silk Road. China will strengthen maritime cooperation with the ASEAN countries, and the China-ASEAN Maritime Cooperation Fund set up by the Chinese government should be used to develop maritime partnership in a joint effort to build the 'Maritime Silk Road' of the 21st century." And "[t]he two sides need to give full rein to our respective strengths to enhance diversity, harmony, inclusiveness and common progress in our region for the benefit of both our people and the people outside the region."[3]

---

[1]　*Xi Jinping: The Governance of China.* 1st ed., Foreign Languages Press, Beijing, October 2014, p.287.

[2]　Ibid, at 287.

[3]　*Xi Jinping: The Governance of China.* 1st ed., Foreign Languages Press, Beijing, October 2014, pp.293-295.

This initiative and the speech on September 7 both express the same idea and echo with each other, completing a grand vision of the "Silk Road Economic Belt" and the "21st Century Maritime Silk Road."

From Kazakhstan in the vast Eurasian hinterland to the beautiful scenery of Indonesia, President Xi Jinping's proposed "Silk Road Economic Belt" and "21st Century Maritime Silk Road" have attracted the attention of countries all over the world. From September 2013 to August 2016, President Xi visited 37 countries (18 in Asia, 9 in Europe, 3 in Africa, 4 in Latin America and 3 in Oceania), and fully elaborated on the overall framework and basic connotation of the "Belt and Road" initiative. The Silk Road spirit of peace and cooperation, openness and inclusiveness, mutual learning, and mutual benefit, combined with the idea that projects should be jointly built through consultation to meet the interests of all, dispels the haze of "de-globalization" and injects new kinetic energy into the sluggish growth of the world economy. Many countries have linked up their own economic development to the "Vision and proposed actions outlined on jointly building Silk Road Economic Belt and 21st- Century Maritime Silk Road" proposed by the Chinese government.

The "Belt and Road" initiative advocates policy coordination, facilities connectivity, unimpeded trade, financial integration, and people-to-people bond. With the emphasis on infrastructure build-up, economic and trade cooperation, industrial investment, energy resources development, financial support, people-to-people exchanges, ecological environmental protection, and marine cooperation, the initiative has set off a new momentum in investment, trade activity, technological innovation, and production capacity cooperation in the world. In 2016, China led the establishment of the Asian Infrastructure Investment Bank (AIIB), which was joined by 57 member states. As of Dec 19, 2018, the total number of members increased to 93, and 35 projects had been carried out in 13 countries. The Bangladesh Power Distribution System Upgrade Expansion Project, the Indonesia National Shanty Town Transformation Project, the Pakistan National Highway Project and the Tajikistan Dushanbe-Uzbekistan Border Road Improvement Project have received financial support from the AIIB. The idea of joint project implementation through consultation to meet the interests of all has since turned into reality .

The "Belt and Road" initiative has drawn strong and positive feedback from the international community. On November 17, 2016, the 71st session of the 193 members of the United Nations General Assembly unanimously endorsed the adoption of resolution A/71/9 to welcome the "Belt and Road" proposal, encouraging all of its member states to boost economic development of Afghanistan and the region through participation in the proposed project. In addition, it called on the international community to provide a safe and secure environment for the implementation of the initiative. On March 17, 2017, the United Nations Security Council unanimously adopted resolution NO. 2344, and called on the international community to rally assistance to Afghanistan, and strengthen regional economic cooperation through the "Belt and Road" strategy, etc. It also urged all parties to provide a safe and secured environment for carring out the program.

In January 2017, President Xi Jinping delivered a keynote speech at the United Nations Office at Geneva titled "Work Together to Build a Community of Shared Future for Mankind," comprehensively and systematically elucidated the fundamental idea of a community with a shared future for mankind, and proposed Chinese Solutions to global problems, which echoed enthusiastically in the international community and was widely welcomed and highly applauded by many countries, organizations and political parties. At its 34th meeting, on March 23, the United Nations Human Rights Council adopted two resolutions on "economic, social and cultural rights" and "the right to food," which clearly stated the need to "build a community with a shared future for mankind." This is the first time the concept of a community with a shared future for mankind has been incorporated into a UN Human Rights Council resolution, and it has become an important part of the international human rights discourse system.

The "Belt and Road" is not a solo play by China only, but a symphony played in concert with Asia, Europe, Africa and countries around the world. China abides by the purposes and principles of the UN Charter, advocates openness and cooperation, espouses harmony and inclusiveness, supports policy coordination, fosters political mutual trust, builds consensus on cooperation, coordinates development strategies and promotes trade facilitation and the institutional mechanisms of multilateral cooperation. China has joined hands with more than 100 countries and regions to co- create a new Eurasian continental bridge. This has been accomplished by taking advantage of international transport routes that are supportive of the central cities along the "Belt and Road", and building key economic and trade industrial parks as a platform for cooperation. China-Mongolia-Russia, China-Central Asia-West Asia, China-Pakistan, Bangladesh-China-India-Myanmar, China-Indochina Peninsula and other international economic cooperation corridors are progressing smoothly. China Railway Express accentuates trade and shipping overland between China and Europe with a bright future. Meanwhile, key sea ports also serve as the nodes to jointly build a smooth, safe and efficient transportation network, and hence enables a close connection between land and sea routes. Together with the overland cargo train transportation, the frequent cargo ships sailing on the Pacific, Indian and Atlantic Oceans poses an amazing picture. In summary, the relevant resolutions and documents of the Asia-Pacific Economic Cooperation, the Asia-Europe Meeting, and the Greater Mekong Subregion Economic Cooperation program all embody the "Belt and Road" initiative. By bringing together the world's wealth, Silk Road Fund, development finance, and supply chain finance strive to build a green, healthy, intelligent and peaceful Silk Road, and enhance the well-being of people around the globe.

The "Belt and Road" is a grand blueprint that has never been seen in human history. It is also a warm heart line that connects Asia, Africa and Europe to countries around the world. The Silk Road Economic Belt includes China via Central Asia, Russia to Europe (Baltic Sea), China via Central Asia, West Asia to the Persian Gulf, the Mediterranean Sea, China to Southeast Asia, South Asia, and the Indian Ocean; the 21st Century Maritime Silk Road includes from China's coastal ports to the South China Sea as well as the Indian Ocean that extends to Europe and the South Pacific. Friendly exchanges among countries are just a camel-ride and a boat trip away from each other.

In this new era and the great course of renovating the spirit of the ancient Silk Road, President Xi Jinping dedicated to cherish the pioneers of the Silk Road and particularly pay tribute to the founders of the spirit of the ancient Silk Road:

"In ancient times, our ancestors struggled through deserts and sailed in boundless seas to transport Chinese products to countries overseas, taking a lead in international friendly contact. Along that path, Kan Ying,

Zheng He and Ibn Battuta were all known as envoys of this China-Arab friendship. Through the Silk Road, Chinese inventions like paper-making, gunpowder, printing and the magnetic compass were spread to Europe, and Arabic conceptions like astronomy, the calendar and medicine were introduced to China.

For hundreds of years, the spirit that the Silk Road bears, namely, peace and cooperation, openness and inclusiveness, mutual learning, mutual benefits and win-win results, has lived on through generations."[1]

There is a Chinese saying that when you drink the water, think of those who dug the well. The implication that the Chinese people never forget history is clearly demonstrated in our excellent cultural tradition of commemorating the sages and at the same time looking forward to the future. It also points out the direction and path for the Chinese Biographical Literature Society to participate in the "Belt and Road" initiative.

On the ancient Silk Road, we have never forgotten Zhang Qian's diplomatic missions to the western regions in Han Dynasty that include Kazakhstan, the good neighbor Pakistan with high mountains and beautiful rivers, acrossing Eurasia country Russia, grassland country Mongolia, Himalaya floating paradise Nepal, Bodhi Ganges blessed country India, cultural treasure Iran, the first Codex System member country Iraq, Red Sea gateway Yemen, oil kingdom Saudi Arabia, the Persian Gulf pearl Bahrain, cedar country Lebanon, Gulf Star Kuwait, desert peak UAE, the Peninsula pearl Qatar,and Oman - the gatekeeper

---

[1]   Xi Jinping: "Promoting the Silk Road Spirit and Deepening China-Arab Cooperation." Key note speech at the opening ceremony of the 6th Ministerial Meeting of the China-Arab States Cooperation Forum, June 6, 2014, People's Daily, section one.

of Hormuz Strait, thousand-lake country Belarus, Turkey at the Eurasian crossroads, Israel - a land flowing with milk and honey, Ukraine of European granary, Italy - the cultural pinnacle of Apennines, Switzerland on the top of Europe, rose country Bulgaria, and Germany, a nation famous for great thinkers, France, the center of the European culture, the welcoming and comfortable Belgium, tulip country Netherlands, the warm and sunny Spain, as well as the elegant England, pyramid country Egypt in North Africa, Ethiopia on the roof of Africa, the Vanilla Capital country Madagascar, and so on.

Along the Maritime Silk Road, we will come across Malaysia, the country of rubber, garden country Singapore, the Thousand Islands country Philippine, and Indonesia, an emerald on the equator line. Down the Lancang-Mekong River all the way south, we will experience Vietnam whose land moistened by the Lancang-Mekong River, Thailand, the country of thousand Buddhas, the smiling country of Khmer Cambodia, and Laos, the "Land of a Million Elephants." On the Indian Ocean, we will also see the ocean pearl Sri Lanka, the ocean star and key Mauritius, the rich and abundant Brunei, the freedom seeker East Timor, the idyllic Maldives, and Australia, a country on the back of the sheep, New Zealand, the back garden of God, and so on.

In the countries along the Belt and Road, those ancient and modern figures who have influenced human and social development, the destiny of countries and nations for thousands of years, and have had dealings with China are still seen in today's textbooks, movies and television dramas. Their influence and charm are still felt by generations of young people.

Certainly, for the Chinese people, we are more familiar with the pioneers of the Silk Road. Have we ever remembered? Among the trail blazers of the Silk Road were Emperor Wu of Han Dynasty and his envoys, Emperor Li Shimin, the co-founder of the Tang Dynasty that epitomized a golden age and his subjects, the Song imperial court and numerous sages who continued good-neighbor practice and friendly maritime navigation, as well as the Yuan Dynasty warriors who led armored cavalry with shining spears, the Ming Dynasty figures who unified the country, and the Qing Dynasty characters who maintained a clear mind during global turmoil, as well as the modern individuals who, by learning from both the west and the east in a time of rapid change, had the courage to build a sea power nation. There were also the guardians of Dunhuang Mogao Grottoes known as the Silk Road Pearl, the generals who safeguarded the country and helped the neighbors, and the diplomats who convey information and messages between China and foreign countries. Without a doubt, it is our current era that features true heroes. We can not praise highly enough the contemporary people who have been plunging themselves into the development of the new Silk Road.

Hard work pays off, family line continues, wisdom passes on, and history pushes forward! The history of friendly exchanges for more than 2,100 years has never ceased, and traffic between China and the West, which benefits the three continents, has been nonstop. The "Chinese Dream" and "World Dream" in the 21st century have become the chord of our time for humanity's shared future, resounding on the "Belt and Road." For this reason, in May 2017, Beijing welcomed thousands of leaders from all walks of life, including heads of government, former eminent statesmen, well-known entrepreneurs, distinguished experts and scholars from the "Belt and Road" countries, as well as leaders of international organizations to attend the first "Belt and Road" Forum for International Cooperation. This grand event of "Thousands of people's meeting" shared "solidarity, mutual trust, equality, inclusiveness, mutual learning and win-win cooperation"[1] and exchanged views on this "great undertaking benefiting of the people of all countries along the route."[2] This is a big day that should be remembered in the history of the Chinese nation and the world.

In the implementation of the "Belt and Road" initiative, the Chinese Biographical Literature Society that devotes to biography writing, takes as its the mission "telling the good stories" of the "Belt and Road," which is also the responsibility entrusted to us by the state.

Under the leadership of the China Federation of Literary and Art Circles and the guidance of the National Global Strategic Think Tank of the Chinese Academy of Social Sciences, the Chinese Biographical Literature Society, with its love for the family and the nation, a keen spirit of the age and the responsibility of writing decent biographies, by careful research, thorough planning and thoughtful organization, made an unwavering decision to devote itself to organizing and publishing the "The Legend of the People along the Belt and Road nations." These brilliant volumes of biographies tell the stories of nearly a thousand national characters, involving laborious work from hundreds of expert writers who had been writing day and night over last year. Our gratitude extends to China International Chamber of Commerce for the Private Sector for their sponsorship, and Contemporary World Publishing House Co., Ltd., a central state cultural enterprise, for the publication distribution. Thanks to their generosity and effort, readers now have the opportunity to

[1]  Xi Jinping: "Promote Friendship between Our People and Work Together to Build a Bright Future." Keynote speech at Nazarbayev University in Kazarkhstan, September 7, 2013.
[2]  Ibid.

read the vivid yet serious and interesting yet enlightened biographies of outstanding people from many nations.

Confucius said, "Benevolence is the characteristic element of humanity." Let the brilliant ideas of the wise men of all nations light up our path to explore the future of mankind.

The biographies are written for high ideals. Herein is the introduction.

*President of the Chinese Biographical Literature Society*
*Director of the Editorial Board of*
*"The Legend of the People along the 'Belt and Road'"*
*Dr. Wang Li*
*March 30, 2019*

# 目 录

# Contents

# 引　言

提起瑞士，人们总会想到皑皑白雪的阿尔卑斯山、香醇可口的巧克力、价格不菲的精美手表，还有以品质享誉世界的瑞士军刀……

瑞士联邦（德语：Schweizerische Eidgenossenschaft，法语：Confédération suisse，意大利语：Confederazione Svizzera，罗曼什语：Confederaziun svizra，英语：Switzerland），简称"瑞士"。瑞士是位于欧洲中南部的多山内陆国，东接奥地利和列支敦士登，南邻意大利，西接法国，北连德国，国土面积41284平方公里，人口850.89万（2018年）。瑞士全境以高原和山地为主，是地理意义上的欧洲"十字路口"和"欧洲屋脊"，具有重要的战略位置。

瑞士国土范围在史前是凯尔特人的活动区域，凯尔特人曾经是欧洲中部的土著居民，他们的部落在公元前2世纪曾经扩展到今天的法国、比利时、意大利北部、西班牙以及莱茵河流域的广大范围，在他们的全盛时期还曾经成功地攻占了罗马城。聚居在今天瑞士国土内的是凯尔特人的海尔维第部落和雷托部落。公元前 70 年前，分布于欧洲北部的日耳曼人不断向凯尔特人居住区域扩张。感受到日耳曼人压力的海尔维第部落决定向西撤离到高卢西南的大西洋沿岸，因而向恺撒统治的罗马帝国借道。考虑到日耳曼人对罗马帝国的潜在威胁，恺撒决定在瑞士建立一个受罗马控制的海尔维第人国家。罗马军队不仅没有同意凯尔特人借道通行的请求，反而向他们发起攻击，迫使后者成为罗马帝国的同盟者，获得罗马帝国支持的凯尔特人击败南侵的日耳曼人。恺撒死后，继任者奥古斯都将海尔维第人部落并入帝国行省，今天瑞士的版图正式纳入罗马帝国，当地的凯尔特人开始了罗马化时代。

像欧洲多数国家一样，古代瑞士也是罗马帝国的一部分，史称罗马瑞士或帝国瑞士。罗马瑞士时期，瑞士建立了罗马式的行政系统，兴建起了一系列城市，修建了通向罗马城的帝国大道，引入了地中海沿岸的农作物和亚平宁半岛的生活方式，随之而来的还有基督教。100—250 年，是罗马瑞士的黄金时代。

259 年，一支日耳曼人部落联盟渡过莱茵河，攻克了帝国瑞士北部，瑞士进入了战乱的年代。401 年，帝国军队撤出了阿尔卑斯山以北地区。从此，瑞士进入日耳曼人统治的时代。日耳曼人统治下的瑞士地区先后产生了很多小的王国，这些王国相互征伐，最终于536年统一于法兰克王国。843年，瑞士再度分裂，分属中法兰克王国（主要疆域在今意大利）和东法兰克王国（主要疆域在今德国）。其后，各地方诸侯势力上升，形成了瑞士特有的城镇自治体制。

1291年8月1日，施维茨、下瓦尔登、乌里3个州结成瑞士永久同盟。8月1日后来也成为瑞士的国庆日。其后，更多的州加入瑞士同盟。1370年8个州签订了《牧师宪章》，结成联邦。到1513年，联邦增加到13个州，到1815年，联邦增加到22个州。今天的瑞士联邦，共由26个州组成（其中6个州为半州，即为拥有半个表决权的州。所有的半州都是从其他州或区域中分离出来）。

1815年，维也纳会议确认瑞士为永久中立国。自此至今，瑞士保持了200余年的和平，20世纪的两次世界大战，瑞士都没有卷入战火之中。

1848年，瑞士制定宪法，设立联邦委员会，成为联邦制国家。2015年10月28日，瑞士当选联合国人权理事会成员，任期自2016年至2018年。

瑞士国旗呈正方形。旗底为红色，正中一个白色十字。

瑞士国旗图案的来历众说纷纭，其中有代表性的说法就有4种。至1848年，瑞士制定了新联邦宪法，正式规定红底白十字旗为瑞士联邦国旗。白色象征和平、公正和光明，红色象征着奋斗和爱国热情；国旗的整组图案象征国家的统一。这面国旗在 1889 年曾做过修改，把原来的红底白十字横长方形改为正方形，象征国家在外交上采取的公正和中立的政策。

瑞士国徽是一枚绘有红底白十字国旗图案的盾徽，其颜色意义与国旗一致。

瑞士为联邦制国家，实行议会民主制。

瑞士联邦议会是最高立法机构，由具有同等权限的国民院和联邦院组成。只有两院一致批准，法律或决议方能生效。国民院有 200 名议员，由公民普选产生，任期 4 年；联邦院有 46 名议员，由各州选派，任期因州而异，最长 4 年。各州有自己的宪法与立法机关，每州有一名代表参加联邦议会，只有联邦议会才有权宣战或与外国结盟。

瑞士联邦委员会是国家最高行政机构，由 7 名委员组成，分任 7 个部长，实行集体领导，任期 4 年。管辖外交、财政、金融、联邦税收、货币、国防、海关、铁路、邮电、能源、电视、广播和社会保障等，其他事务由各州管辖。各州必须遵守联邦的全国性法规并接受联邦的监督。联邦委员会设主席和副主席，由联邦委员轮任，任期 1 年，不得连任。

瑞士实行"公民表决"和"公民倡议"形式的直接民主。公民对重大国事与地方事宜拥有表决、创制与复决权，可以集体请愿，也可以以投票方式抵制政府的一些政策。公众可以提出公共政策乃至修改宪法的提案，在 18 个月内得到 10 万人签名支持后，便可以就提案进行公投，只要大部分公民和地方政府赞成，便可成为法律。在这个规定下，瑞士公民可以参与修改国家经济政策、外交政策甚至宪法。凡修改宪法条款、签订期限为 15 年以上的国际条约或加入重要国际组织，必须经过公民表决并由各州通过方能生效。2016 年 6 月，瑞士举行全民公投，以决定是否每月向每名成年公民无条件发放 2500 瑞士法郎（约合人民币 1.6 万元）。结果在参与投票的约 250 万瑞士人中，有 76.9% 的人投了反对票。

历史上的瑞士，长期处于战乱和贫困之中。自 16 世纪宗教改革，特别是 1815 年成为永久中立国以来，瑞士逐渐成了一个发展水平高、综合实力强、国际影响大，国际声誉好的国家，拥有"钟表之国""金融王国""医药强国""博物馆之国""欧洲阳台""世界花园"等多种美称。

今天的瑞士是世界最为稳定的经济体之一，其政策的长期性、安全的金融体系和银行的保密体制使瑞士成为避税投资者的安全避风港。瑞士是世界上最为富裕的国家之一，人均收入居世界最高行列，同时有着很低的失业率和财政赤字。制造业是瑞士最重要的产业，制造业以生产专业化学制品、药品及医疗产品、科学精密测量仪器、乐器为主。服务业为瑞士另一重要产业，包括银行业、旅游业、保险业及国际组织等。得益于健全的银行体系和先进的资产管理水平，瑞士被誉为全球最大的离岸金融中心和国际资产管理业务领导者。2018 年人均 GDP 82838 美元，高居世界第二位，仅次于卢森堡。2018 年，瑞士共有 14 家企业进入《财富》世界 500 强行列。

瑞士文化教育科技高度发达。有 5 所大学进入世界 100 强，它们是：苏黎世联邦理工学院、洛桑联邦理工学院、日内瓦大学、巴塞尔大学和苏黎世大学。有 24 位拥有瑞士国籍的科学家获得了诺贝尔奖，使瑞士成为诺贝尔奖获得者占国民比例最高的国家。此外，在所有领域的诺贝尔奖得主中，有 113 位与瑞士有关联，还有 9 个诺贝尔和平奖被一些总部设在瑞士的组织获得。

瑞士的国际化程度很高，日内瓦汇聚了大大小小几百个各类国际组织，是除纽约联合国总部以外全球最重要的多边外交中心。瑞士常住人口中约有 1/5 为外籍居民，2014 年，瑞士外籍人口占 22.3%，华人数量为 2—3 万人左右。

瑞士是最早承认中华人民共和国并与中国建交的西方国家之一。1950 年 1 月 17 日瑞士承认中华人民共和国，同年 9 月 14 日，中国同瑞士正式建立外交关系，并互派公使。1956 年 1 月和 1957 年 4 月，中瑞先后将外交关系由公使级升格为大使级，并互派大使。

建交 70 多年来，中瑞两国关系发展平稳，并不断迈上新台阶。1954 年 4 月，周恩来总理兼外长率领一个由 180 多人组成的庞大代表团乘坐专机到达瑞士，参加在那里举行的日内瓦会议。这是新中国首度以五大国之一的身份亮相政府间多边外交舞台，影响极其巨大深远。

2007 年，瑞士在欧洲国家中率先承认中国完全市场经济地位。同年，双方签署了《中瑞关于加强对话与合作的谅解备忘录》，双方建设有 20 多个对话机制，涵盖广泛议题。此后中国与瑞士广泛开展高层互访，积极推动双方自由贸易合作。

2013 年 5 月，李克强总理对瑞士进行正式访问。同年，瑞士成为第一个与中国签署自贸协定的欧洲国家。2014 年 7 月 1 日起生效的中国——瑞士自由贸易协定将中瑞经贸关系提升到新阶段。

2016 年 4 月，瑞士联邦主席施奈德·阿曼对中国进行国事访问，4 月 8 日，中国国家主席习近平在北京人民大会堂同来华进行正式访问的瑞士联邦主席施奈德·阿曼举行会谈。两国元首一致决定建立中瑞创新战略伙伴关系。

2017 年 1 月 15 日，中国国家主席习近平抵达瑞士苏黎世，展开了为期 4 天的瑞士联邦访问之行，其间出席了达沃斯世界经济论坛，还分别访问了联合国日内瓦总部、世界卫生组织和国际奥委会。本次瑞士之行是习近平主席的开年首访，也是新世纪首位对瑞士进行国事访问的中国国家元首。此次出访对于两国来说意义重大，加强了中瑞之间的政治互信，其间签署的 10 个有关创新、自贸、海关、文化、体育、教育等双边协议将推动两国的经济共同繁荣发展，将进一步促进两国文化、体育和教育领域的交流与合作。

2017 年 1 月 16 日上午，习近平主席在与瑞士联邦主席多丽丝·洛伊特哈德共同出席的记者见面会中表示，中瑞双边协议将推动中瑞高水平创新平台的建立，有利于"中国制造 2025"和"瑞士工业 4.0"的战略对接。欧洲国家的"工业 4.0"战略在概念上与"中国制造 2025"战略有相近之处，其特点可以概括为智能化、个性化和集成化，被视为第三次工业革命的延续。瑞士提出的"瑞士工业 4.0"则着力发挥该国在机械、纺织、工具、手表等传统精细制造领域的优势，让机器设备、原材料和产品搭上"物联网"的快车，提高生产效率，推动制造业向着智能化转型。

瑞士是由瑞士籍德裔、瑞士籍法裔、瑞士籍意大利裔以及少量雷托罗曼人等组成的多民族群体。这种民族构成源于历史上的人口迁移、战争以及联邦制度。瑞士人自己说："瑞士之所以成为瑞士，是因为有些德意志人不愿做德国人，有些法兰西人不愿做法国人，有些意大利人不愿做意大利人。于是这些人一起成了瑞士人。"

　　瑞士人很好地保留了各自民族的特点，同时形成了独具特色的瑞士文化。在礼仪风俗方面，瑞士与西方国家一脉相承。在一般的公共场合，"你好""谢谢"一类的礼貌用语使用频繁，尤其在德语区，人们总是把这些字眼挂在嘴边。与其他西方人一样，瑞士人也不喜欢别人打听自己的隐私，尤其在经济收入方面更为敏感。但是，你若与他们谈论体育尤其是滑雪或是与瑞士有关的问题，他们会津津乐道地和你聊上一个下午。另外一个和西方相同的便是瑞士人同样禁忌数字"13"和星期五，他们认为这些会给人们带来不好的影响。瑞士人还极其珍视作为国花的雪绒花，这种花生长在海拔 1700 米的高山之上，象征着勇敢与力量，他们常把它作为最珍贵的礼物送人，用来表达瑞士人的友好、诚挚和敬意。早期瑞士以发展农牧业为主，在牛脖子上挂上铃铛以便放牧。在两三百年后的今天，牛铃被赋予了新的文化意义，成为与手表和巧克力一样具有代表性的文化符号，还曾被当作珍贵的礼物送给访问瑞士的国家领导人。

　　瑞士的历史是一代又一代瑞士人创造的，他们中的杰出人物，用自己传奇的一生来开创新的世界。

　　亚伯拉罕·路易·宝玑享有"世界表王"和"现代制表之父"美誉，不但制造了 200 年后还让人赞叹不已的名表，还发明了制表行业超过 70% 的技术。亨利·杜南提出了人们熟知的

《日内瓦公约》，是国际红十字会的创始人，被后人尊为"红十字会之父"。赫尔曼·黑塞是1946年诺贝尔文学奖获得者，被人称为"浪漫派最后的骑士"。他的主要代表作《荒原狼》不仅是一部以净化灵魂为目的的书，也是一部早在1927年就明确指出即将"爆发一场战争"的警世著作。卡尔·古斯塔夫·荣格创立了著名的荣格人格分析心理学，今天人们熟悉的"潜意识""多种人格""自我实现""正能量"等概念与理论，都来自于他。阿瑟·奥涅格是著名的作曲家，他的代表作有让他一举成名的《大卫王》和《太平洋231号》等交响乐作品。弗里德里希·迪伦马特是富有个性的伟大剧作家，他以怪诞、夸张的手法反映社会现实，他创作的《老妇还乡》以独特的"悲喜剧"轰动了国际影剧界。米舍利娜·卡米尔·雷伊在政界摸爬滚打30多年，两次出任瑞士联邦主席（任期一年），她主张"与一切'重量级人物'进行对话"，在国际社会具有广泛影响。雅克·赫尔佐格是著名建筑设计师，他与皮埃尔·德梅隆共同设计了北京奥运会主体育场"鸟巢"，他俩的著名设计还有德国慕尼黑安联球场、伦敦泰特现代美术馆、PRADA东京新旗舰店。罗杰·费德勒是著名的世界网球之王，至今得过20个网球大满贯冠军奖杯，被评为网球历史上最伟大的运动员。

他们是一些什么样的人？现在让我们去一探究竟吧。

# 现代制表之父

## ——亚伯拉罕·路易·宝玑

社会精英人士往往以高级订制名表作为装饰，那你对瑞士名表的了解有多少呢？诸如宝玑游丝、宝玑字体等术语都是人们耳熟能详的常用语，提起陀飞轮技术也离不开宝玑。"宝玑"这个词实际是一个人的名字。这个人就是瑞士著名的"表王"亚伯拉罕·路易·宝玑。

亚伯拉罕·路易·宝玑（Abraham-Louis Breguet，1747—1823），"现代制表之父"。出生于瑞士的纳沙泰尔，1775 年 28 岁时在巴黎西堤岛的钟表堤岸创立第一家制表工坊，一生制造了 170 余件时计杰作，有很多天才的技术发明，如自动表、报时表、陀飞轮调节器、触摸表、航海精密时计、肖像和制表图纸、发明专利申请等举足轻重的钟表制造历史文献。他还是一位成功的商人，迅速在欧洲内外拓展了市场，其客户不乏出身显赫的皇室主顾，包括拿破仑·波拿巴、玛丽·安托瓦内特和沙皇亚历山大一世。

他为何会拥有这么多显著的成就呢？"表王"传奇的一生又是怎样的呢？

# *01*

# 痛失慈父，幸遇恩师

宝玑 1747 年 1 月 10 日出生于瑞士的纳沙泰尔。

纳沙泰尔风景秀丽，有着瑞士最大的湖泊，同时也是该州首府所在地。纳沙泰尔是现代钟表工艺真正的摇篮，一向以精确创新的制表传统闻名于世，今天建有世界最大的钟表博物馆，很多来瑞士旅游的游客都会把纳沙泰尔当作必须去的景点之一。

在悠久的制表历史影响下，宝玑在幼年时就显现出了对于复杂机械的非凡天赋，同时在父亲乔纳斯·路易斯·宝玑和母亲苏珊妮·玛格丽特·博林的照顾下，宝玑度过了一段与普通孩子一样无忧无虑的童年。他依稀记得父亲那宽厚的脊梁，深沉的话语；母亲那优美的歌声，温暖的怀抱，都充盈着满满的宠爱。不幸的是，在宝玑 10 岁时，那个爱他疼他的父亲去世了。父亲去世后的那段时间，他和母亲每日以泪洗面，生活条件极为艰苦，宝玑不得不在 12 岁时结束了自己的学业。

宝玑的母亲后来改嫁，夫君约瑟夫·塔特来自钟表匠世家。

塔特作为工匠在钟表界地位颇高，他在巴黎的钟表展厅，常有合作商慕名而来。有人劝说年轻的路易·宝玑进入贸易行当个商人，但年少不懂事的他对此事并没有表现出多大的兴趣，依旧沉浸在父亲离开的悲痛和母亲改嫁的事实中没有回过神来。

1762 年，15 岁的宝玑被派到一个并不知名的凡尔赛制表大师门下当学徒，这趟差遣给两年间无所事事的他带来了极大的转机。这位凡尔赛制表大师有着极其高超的制造技术，虽在这个领域还未达到炉火纯青的地步，也还是得到了业界的肯定，最好的制表师傅都愿意和他合作。

年轻的宝玑很快被大师的才能与智慧所震撼，大师在制表工作中所表现出来的超乎常人的思维方式和独特的思路时时刻刻都在深深地吸引着宝玑，使他对钟表机械产生了兴趣。为了接受进一步的教育，宝玑在经过深思熟虑之后进入了玛丽琳学院，进行数学晚间课程的学习。在那里，学院的创始人玛丽帮助宝玑走出了父亲去世和母亲改嫁的阴影，成了宝玑最好的朋友和导师。在生活上，玛丽经常给予宝玑朋友般的关怀和照顾，每当宝玑遇到一些困难的事情时，她总是能给他提出一些方向性的意见，帮他指出正确的方向；在平日的学习中，她更是悉心教导，传授给宝玑很多制表工艺的专业知识，使宝玑学到很多之前从未接触过的东西，在宝玑往后的人生道路中也起着不可代替的作用。玛丽是安古兰和德贝里公爵的导师,她因此能够将年轻的宝玑引荐给法国国王路易十六。这位国王对力学和机械充满兴趣,给宝玑和整个钟表行业都带来了机遇。

宝玑刚刚走出人生的阴影,忽然有一天他的引荐者与导师玛丽不幸地、悲惨地走向人生结局,甚至不能认定是死于谋杀还是自杀。这个事件产生了很多传闻,但是宝玑始终相信玛丽院长是一个好人。对她的死,宝玑十分痛心,却无能为力。不能查明真相的宝玑,觉得愧对玛丽当时在学院时对他的种种关心与照顾。

在导师离世后不久,宝玑的母亲和继父也相继离开了人世,只给他留下了一个年幼的妹妹。他经历了父母双亡的打击,担负起妹妹的监护职责,而他的事业也处在艰难的起步阶段。年轻的宝玑面对父母留下的家业不知如何打理,只能是凭借着自己的悟性一点一点地摸索。但是,生活还要继续,宝玑并没有被生活压垮。对于他来说,所谓生活就是不断的磨难加上不停的坚持。

# 创业巴黎，王后成为"一号"贵宾

在 1775 年完成学徒生涯后，宝玑遇到了命中注定与他相伴一生的姑娘塞西尔玛丽·路易丝鲁里耶。宝玑心爱的姑娘家里从事的也是与制表相关的行业，他们彼此之间深深相爱，同时又有着对制表事业的共同爱好，他们组建起家庭，同时也办起了制表公司，可谓家庭事业双进步，婚后生活非常幸福。

1775 年，宝玑将他的第一家公司开在欧洲的时尚中心——巴黎。公司的第一个地址是在巴黎西岱岛的时钟码头 51 号，在宝玑系列表 4004 号的标签上记录着这个最早的公司地址。也有一说是时钟码头 79 号，宝玑系列表 4004 号的标签上记录的可能是个错误。他的公司后来搬到巴黎和平街，并在 20 世纪初搬到赫里欧街 2 号。

无论是继父制表的事业潜移默化地影响了宝玑，还是跟随凡尔赛大师学习的经历激发了宝玑的潜能，他对复杂机械具备渊博的知识和与生俱来的天赋，对钟表的机械特点有自己独到的见解，对机械制造的技艺有独具慧眼的创新，而这些都是制表工匠以及企业主的可贵品质。宝玑的公司也汇聚了当时巴黎最为优秀的制表技术工匠，他们在一起研究创新，为公司的发展做出了突出的贡献。一些刚刚步入行业的学徒，也在宝玑的公司里迅速成长为优秀的制表工匠。由于宝玑对产品制造的严谨态度以及他的腕表产品的精美特色，宝玑的公司名气越来越大，逐渐成为当时腕表行业的翘楚。

1775 年到 1780 年之间，宝玑在原有的工艺基础上发明了创新的擒纵机构，包括陀飞轮、自动上链机构和外圈（改进的带有凸起外线圈的游丝）改进了的自动上链机制，并于 1780 年推出了首款配备摆轮锤和双发条盒的自动上链表。技术改进之后那款表炙手可热，人人争相购买，各国的精英和贵族们都开始以佩戴宝玑的表为荣。

宝玑早年间制作的钟表深受法国的路易十六国王和王后玛丽·安托瓦内特的青睐。其后，更是被宝玑独特的自动上弦钟表展现的迷人魅力及精巧的工艺所折服。他献给皇后的手表，皇后一看便爱不释手，这让年轻的宝玑声名鹊起。早在 1775 年，她就以"一号"贵宾的身份，直接向宝玑订购了一块自动上弦的万年历怀表。此后，她又陆续收集了多款宝玑珍品，成为宝玑最忠实的拥趸，路易十六国王也买了几件相同系列表。

在宝玑和妻子一起创办公司后的 10 年时间里，他们从法国贵族那里获得大量佣金，也收获了技术和名誉。1784 年，经过多年的技术革新与生产磨炼，宝玑被正式认定为钟表大师。由于宝玑生产的每块表都展示了钟表机芯的原创设计改进，配备了宝玑发明完善的杠杆或红宝石圆柱擒纵机构。许多业界同行和荣誉机构纷纷认可宝玑对钟表学做出的巨大贡献。1792 年奥尔良公爵来到英国，遇见了当时欧洲领先的手表和钟表匠约翰·阿诺德。公爵向阿诺德展示了一个由宝玑制作的时钟，阿诺德瞬间被时钟的精美及其所包含的高超复杂的机械工艺所折服，并且立即动身前往巴黎，亲自约见宝玑。此后由于种种原因，宝玑与妻子一起回到了瑞士。

## 一块制作了 44 年的表

1783 年，一位神秘人物委托宝玑为王后玛丽·安托瓦内特制作一块怀表。他特别强调，这块怀表要集合当时所有复杂功能，并尽可能采用最有价值的材料（包括金、铂、红宝石、蓝宝石），其他的附属机构，即复杂装置亦必须多量及多样化，制作时间与成本则没有限制。

宝玑开始精益求精地制作这块怀表，一天又一天，一年又一年，总是觉得还有哪里不够尽善尽美。几年过去，怀表仍未制好。1789年，法国大革命爆发，国王被推翻，王后玛丽·安托瓦内特先是跟随丈夫路易十六逃亡，继而被捕监禁，最后于1793年10月16日被处死。

在这种背景下，表还要不要继续制作下去呢？

这对宝玑和他的公司来说，似乎不是一个问题。接受了委托，不管委托人是否还在，都要完成这一委托。1827年，这块制作时间跨越44年的怀表终于完成。这就是钟表界的传世珍宝：钟表系列160号——"玛丽·安托瓦内特"。这时，王后已经离世34年，宝玑也已去世4年，这块怀表因而被人们称作"迟来的礼物"。

160号怀表是世界上最早的自动表，在当时乃至今天都是世界上极为复杂精致的一款怀表。它配备报时、报刻及报分的三问报时功能；万年历功能分别于2时、6时及8时位显示日期、星期及月份；10时位显示民用时与太阳时的时差；表盘中央为跳跃时针、分针及特大独立秒针，即计时指针的前身；小秒副表盘位于6时位，48小时动力储备显示及双金属温度计并列而置。怀表的自动上链机芯由823块经精心处理的零部件组成，夹板、表桥、表杆以及所有活动部件、日历及打簧机构均以木打磨的玫瑰金铸造。蓝钢螺丝经抛光处理，所有摩擦点、凹槽及轴承均安装蓝宝石水晶。精致复杂的怀表安装了独特的擒纵机构：配备自然提升的柱形金质摆轮游丝及双金属摆轮。双防震装置防止摆轮轴及振动坠轴因撞击或震动而损坏。其水晶表面、表背和黄金打造的外壳都镶嵌上钻石。这款表还是一块非常昂贵的表，宝玑公司的记录表明，工厂成本最终达到了3万法郎的巨额金额，超过了他的其他作品（第92号）成本的6倍，其中光制作费就花费了17000法郎。这只怀表记录了宝玑传奇又坎坷的历史，代表着他制表技艺的精华，堪称当时轰动名表业的佳作，在钟表历史上写下光辉的一页。

"玛丽·安托瓦内特"怀表制成后，始终珍藏在宝玑公司当作"镇店之宝"，一直到1887年才卖给斯潘塞·布伦顿爵士，最终辗转在20世纪20年代又被宝格丽专家戴维·萨洛蒙爵士所收藏。其后被耶路撒冷一家博物馆收藏，1983年被盗，又于2007年12月被寻回，继续收藏在耶路撒冷的那家博物馆，价值估计超过3000万美元。今天的钟表界人士将这枚怀表与近现代时计的珍品相比较，认为"玛丽·安托瓦内特"怀表将当时最新颖的设计与制表技术展现无遗。

如此尽善尽美，让宝玑表成了很多历史人物的心头之爱，除了玛丽·安托瓦内特王后外，在宝玑表的热切崇拜者中还包括拿破仑的妹妹、那不勒斯皇后卡洛琳·波拿巴，自1805年开始，她持续8年收藏宝玑制作的钟表，总计购买了34件。

卡洛琳向宝玑提出要求，要以手镯作为基础设计出一款腕表，她的建议得到了宝玑重视，宝玑为她做了第一款手表，其中凝聚了宝玑对于表的原创想法，构造新颖、精雅别致，这块手表由宝玑与制表师约翰·阿诺德共同为那不勒斯皇后设计，专门用于在手腕上佩戴，表盘呈现为独一无二的椭圆形设计。从宝玑品牌档案对它的细节描绘中我们能够看出该款手表的灵巧与精美："这款手表为椭圆形款式，搭配了由纯金制成的丝状表带"。

拿破仑的约瑟芬皇后同样是宝玑表忠实的追随者。1800年，约瑟芬皇后向宝玑大师订购了一枚宝玑触摸表，No.611，这开启了大革命后法国皇室与宝玑的不解之缘。波拿巴家族购买的宝玑时计多达 19 枚，购买者和年代分别为：约瑟芬皇后，1798 年和 1800 年；拿破仑本人，1798 年；路易·波拿巴和吕西安·波拿巴，1800 年和 1801 年；约瑟夫·波拿巴，1800 年；保琳·波拿巴的丈夫查尔·勒克莱尔，1798 年和 1801 年。

# 04

## 因为事业收获的友情与名誉

随着宝玑的名声逐渐提高，他开始与社会上层人士建立往来，其中来自纳沙泰尔的革命领袖保罗·马拉特与他结为挚友，两人经常相互倾诉彼此的心声。在萨洛蒙撰写的宝玑传记中，有这样一个故事：马拉特和宝玑在一位友人的房子里聊天聚会，窗外忽然有愤怒的马拉特反对者聚集，高声呼叫围堵马拉特，宝玑机智地将马拉特伪装成一个老妇人，甚至以手挽手的形象毫无顾虑地在人前消失，摆脱了那些愤怒的反对者。而由此宝玑与玛丽修道院或宫廷的关系紧张，在1793 年，使他变成了通缉要犯，如被抓到会送上断头台，在这个危急时刻，出于当年的友谊，抑或是对当年掩护的回报，马拉特对宝玑伸出了援手，伪造了一个安全通行证，让他离开了巴黎。宝玑辗转到英国待了两年，在那期间他为国王乔治三世工作，并受到了国王的赞许，宝玑最后安全地逃到了瑞士。

大革命时期的宝玑短暂地在祖国瑞士避难。1795 年，他返回巴黎后其事业再获新生，当法国的政治局势稳定下来后，回到巴黎后的宝玑在手表和钟表制造方面有了许多新的想法。宝玑在时钟码头再次创业，并通过自己制作的产品再一次迅速在帝国新的富有阶层中建立了声誉。为了保证自己生产的产品质量，宝玑对于每一道工序都严格要求，在车间里拒绝使用不熟练的学徒工，也不用过时的流程，他亲自设计，雇用了巴黎最好的制表师，使用最先进的工艺，以求达到精益求精，保证自己的产品不出现一丝一毫的瑕疵。

1807 年，宝玑的儿子出生了，作为自己的继承人，宝玑希望让自己的儿子熟悉公司，并得到磨炼。从这时起，公司正式地以他的姓命名。宝玑与英国手表大师约翰·阿诺德惺惺相惜，率先让儿子拜阿诺德为师，学习制表工艺。阿诺德也派他的儿子来跟宝玑学习。

宝玑善于学习，对其他的制表工匠也极为尊重，制表大师路易斯·莫尼，认识到了他的价值所在，于是在制表行业与其展开了紧密合作，他们互相交流工艺，并在原有的基础上各自改进创新。由于业务不断扩大，从 1811 年起，宝玑雇用奠伊内特作为私人顾问。

这些友谊与交流也带来了钟表技术的大发展。由于宝玑的一系列卓越成就，宝玑在 1815 年被法国海军正式任命为计时制造商。宝玑在 1815—1820 年间制作的具有平均时间调节器的 3180 号时钟，而后以 2500 法郎的高价卖给了英国人布里斯班。后来业余天文学家托马斯·布里斯班中尉，把 3180 号时钟安置在苏格兰的拉格斯天文台。布里斯班在 1821 年把时钟又带到澳大利亚，安装在澳大利亚帕拉马塔第一个天文台，澳大利亚的当地政府于 1825 年从布里斯班手里购买了时钟，1847 年帕拉马塔天文台关闭后，它又被重新安装在新的公立天文台，此后一直服役到 1912 年。澳大利亚天文学家斯科特修士认为，3180 号时钟是该天文台少数历久弥新的仪器，持续运行近百年。该时钟现在已经被悉尼博物馆收藏。

虽然宝玑手表和时钟属于奢侈品，但宝玑钟表也对科学做出了巨大的贡献，1815 年，法国国王路易十八任命宝玑为"法国皇家海军御用制表师"。1816 年，他作为正式成员进入法国科学院，并在 1819 年从国王路易十八的手中接受荣誉军团骑士勋章。宝玑的名字是在埃菲尔铁塔上刻写的 72 个名字之一，这是对宝玑在制表工业方面做出的卓越成就的肯定。

1823 年，在宝玑去世的当年，他的公司在人声鼎沸的交易所广场有了一家专属公司产品的专柜。世界各地的商界精英与慕名而来的钟表爱好者们，对每一款宝玑手表的精湛工艺都赞叹不已，宝玑系列的表不仅是随身携带的计时工具，更是可供后世珍藏的珍贵艺术品。宝玑公司的每块表均带有其独立制作的编码，让收藏家能确定其正统与出处，为钟表平添了收藏的价值。这项优良传统一直持续至今，每块宝玑表都附有类似于身份证号码的、独一无二的产品编号，这些编号是宝玑公司对产品的技术和质量的骄傲认证。

根据萨洛蒙的传记，宝玑还以他的善良和幽默而闻名。曾经有一个工人带着已完成的任务和支票来找宝玑，宝玑对这项工作比较满意，当他看到支票时，就在金额的尾数上添加一个零，使这名工人得到他应得报酬的十倍金额。可见，宝玑对工人的态度很好，因此为他工作的匠人都兢兢业业。宝玑对学徒们从不吝惜自己的鼓励，他对学徒常说："不要气馁，不要允许失败玷污你。"

# 05

## 至今仍享誉世界的宝玑手表

随着名气攀升，宝玑的公司也越做越大。宝玑表的品牌创立于 1775 年，距今已有 240 年的历史。几乎从品牌创立开始，宝玑就广为人知，并一直致力于为皇室成员以及各个领域的杰出人物提供作品和服务。

宝玑手表靠的不是它的名字而是品质，其实宝玑品牌很早就易主了。1823 年宝玑去世。去世前，他将公司委托路易斯·安托万负责管理，路易斯·安托万在 1833 年退休后（于 1858 年去世），公司业务交还给宝玑的孙子路易斯·弗朗索瓦·克莱蒙·宝玑（1804—1883），路易斯的孙辈路易斯·安东尼（1851—1882）是宝玑家族中最后一个经营这家公司的人。虽然路易斯·安东尼有 2 个儿子和 1 个女儿，但他们都没有继承祖业。路易斯·安东尼接手了英国制表师爱德华·布朗设在巴黎的克勒肯维尔工厂后，英国人布朗成了公司的合作伙伴，并在路易斯·安东尼去世后成为公司的接班人，布朗的儿子们子承父业带领这家历史悠久的公司进入了 20 世纪，把它继续经营下去。

宝玑其人之所以在业界有"表王"的称号，同时也有"现代制表之父"的美誉，是因为宝玑发明了业界超过 70% 的技术，其最具代表性的三大发明有陀飞轮、万年历和三问音簧，这些都是钟表的复杂机械工艺。无论是手动上弦还是自动上弦，在这个世界上任何一个品牌的机械手表里，至少有两项技术或者说创造，直接或间接地继承自宝玑。如果把属于宝玑创造的部分拿走，那么全世界的自动机械表恐怕都不能正常运转。不论造型如何、品牌如何，今天的每一块机械表上都有宝玑的影子，因此宝玑品牌至今是不可替代的。

宝玑的一生制作了 3 个系列的手表，这 3 个系列的手表最高的编号达到了 5120。据粗略估计，在宝玑的一生中，他的公司生产了约 17000 只手表。由于他对细节的关注和不断的实验创新改进，他的作品中没有完全相同的款式。

宝玑的陀飞轮等技术于 1801 年获得了专利，这些技术促使钟表制造无论在艺术或技术上均获得了新的动力与新的广度。宝玑不但在他在世时获得广泛推崇，即便在当今，他仍被誉为"表王"。

萨洛蒙（1851—1925）是对宝玑及其钟表制作颇有研究的权威人士之一。在1921年，他就出版了关于这一主题的第一部重要书籍，该书除了介绍宝玑的生平之外，还介绍了宝玑的关键发明和主要作品列表并附有详细的生产时间表。萨洛蒙曾拥有世界上最大的私人宝玑钟表收藏库，其中各式钟表将近124件，包括宝玑制表工作两个最伟大的作品——"玛丽·安托瓦内特"和双面的"普拉兰公爵"手表。萨洛蒙1925年去世后，他的女儿维拉捐赠了57款其父收藏的作品，包括向位于耶路撒冷的L.A.梅耶伊斯兰艺术博物馆捐赠了传世珍品"玛丽·安托瓦内特"。萨洛蒙把大部分收藏留给了他的妻子，但是他的妻子选择最终在拍卖会上出售这些表。据称，她最初到达苏富比拍卖行的时候，没有工作人员敢相信，因为这些收藏品价值极高。

宝玑的手表作为传世收藏品，曾遭遇多次风波。萨洛蒙捐赠给巴黎国家艺术博物馆的"普拉兰公爵"表被盗，这块1785年制造的第92号钟表由舒瓦瑟尔公爵——普拉兰购买，因而得名。幸运的是，经过三个月的持续调查，小偷被抓住，并把手表送到一个著名的巴黎手表专家处修理。1983年4月16日，L.A.梅耶伊斯兰艺术博物馆又被盗106件罕见的钟表，包括他们收藏的全部宝玑表，此时的"玛丽·安托瓦内特"

怀表估价为 3000 万美元。2006 年 8 月，犯罪嫌疑人锁定为纳曼·迪勒，直到他去世之前，迪勒才向他的妻子承认了自己的罪行。迪勒的妻子试图将一批被盗物品送到博物馆，她最初要价 200 万美元，最终砍到 3.5 万美元。当警察搜查这对夫妇在美国、法国、荷兰、以色列各地的住宅时，他们发现了更多的丢失物品，直到 2008 年，所有丢失的钟表才全部找齐。

2011 年，英国广播公司 BBC 的电视栏目"古董路演"，收到一件珍贵的钟表，摄制组把它带到苏格兰珀斯郡的布莱尔城堡进行评估。评估专家理查德表示，这只怀表是宝玑早期制造的钟表，制造时间约为 1801 年。怀表的两面都是由蓝色半透明珐琅制成的圆盘封闭，盖在以 V 形图案加工的玑镂底座上。前面饰有一个银色的单箭头形手，镶有小钻石，表壳被一个波浪金色带包围的十二颗大钻石包围，面朝浅蓝色珐琅。珐琅背面铰链打开，露出一个金色的盖板和一个较小的双手表盘。机械盖上刻有宝玑的刻印签名和伦敦代理商勒科尔东的标志，在金盖板保护扣上有宝玑的另一个签名和手表编号。

宝玑手表是"古董路演"节目的一个重大发现，其价值难以估计，关键在于宝玑对时间展示方式的奇妙设计。宝玑在 1799 年发明了"盲表"，由于当时的视觉障碍者不太可能拥有这样的奢侈品，所以这种手表并不是为视觉障碍者设计的，而是为那些最富有的客户设计的、不需要看就能知道时间的钟表。随着时间变化，钟表的凸起跟随机械而运动，机芯顺时针转动前盘，人们触摸指针的位置，再根据指针指向的标记判断时间。时间标记由宝石镶嵌物的排列而定，另外这只表还配有一个小的、正常的内部表盘，以便在打开盖子的时候直接看到确切时间。

从"盲表"可以看出，宝玑之所以能够如鱼得水地进行创新和设计，是因为他对制表工艺的每个细节都熟记于心。宝玑的发明创造符合机械的运行规范，具有很好的科学性，他的多项发明对钟表技术的发展影响广泛。凭借其中几项突破性的发明，宝玑几乎开创了现代钟表制造的总体布局，其中包括著名的自动上弦、三问表专用的音簧及首个陀飞轮装置，他先后设计了宝玑摆轮游丝、第一台旅行钟、自鸣钟及悬垂表、触摸表。每一块出自宝玑的产品均浓缩了科学技术与机械设计，并有独特的外观造型。

宝玑历年创新有：

（1）1783 年发明了用于中继表的钟。

（2）1783 年设计椭圆形"手表"。

（3）1787 年采用并改进了杠杆擒纵机构。

（4）1790 年发明了"防滑"防震装置。

（5）1793年开发了一个小型化钟表。

（6）1794年发明了逆行显示机制。

（7）1795年发明了宝玑螺旋式平螺旋游丝。

（8）1795年发明了可拆卸式怀表。

（9）1799年发明了"盲表"，可以通过触觉在口袋或黑暗中读取时间。

（10）1801年，宝玑发明的陀飞轮获得了专利。

（11）1802年发明了带悬浮性质的、双逃生轮式擒纵机构。

（12）1821年与弗雷德里克·路易斯·菲顿合作开发了"墨水"计时码表。

宝玑的后代虽未继承祖业，但是其工作室的创造力与独创性在时间的流逝中从未下降，随着全球化的迈进，其品牌实力大大提升，新发明一浪推一浪，几年间新发明的数目甚至超越了品牌创始人发明专利的总和。今日宝玑品牌继续闪耀着瑞士制造业的辉煌，拥有一个设备完善的制造工厂。瑞士的优雅工艺和严谨文化在此绽放。宝玑钟表使钟表不再是一种单一的工具，更是成为人类智慧与工艺最完美的结晶，因此宝玑堪称当之无愧的现代制表之父。

# 国际红十字会创始人

## ——亨利·杜南

亨利·杜南（Jean Henri Dunant，1828—1910），瑞士商人和人道主义者。国际红十字会创始人，被后人尊为"红十字会之父"。出生于瑞士日内瓦。做过银行雇员，创立过大型公司。他周游欧洲，见证过"索尔费里诺战役"，出过好几本畅销书。他曾创立了"星期四协会"，提出了我们熟知的《日内瓦公约》，是一位伟大的和平主义者，1901年获得第一届诺贝尔和平奖。他的生日5月8日是国际红十字日与国际红新月日。每到这一天，全世界崇尚人道主义的人都会纪念这一位感动全人类并改变人类历史的伟大人物。

亨利·杜南作为第一位获得诺贝尔和平奖的瑞士人，为瑞士赢得了荣誉，为世界和平事业做出了贡献。每一位深受和平影响的人都应该对他怀以深深的敬意。他的勇敢和对梦想的执着，值得后人追崇。他的伟大人格和思想理念，在世界范围内产生了极大的影响。

# 01

## 乐于助人的杜南家族

亨利·杜南的父亲让·雅克·杜南先生，是一位心地善良、乐于助人的加尔文教信徒，他平日里常和同事一起去附近的孤儿院帮忙，帮着把流浪的孤儿送去孤儿院。邻居们有困难他会力所能及地给予帮助。遇到被抓进监狱、没钱假释的善良的人，他也会慷慨解囊，施以援手。友善的杜南先生赢得了人们的赞许和认可。

让·雅克·杜南先生的妻子安括瓦妮特·杜南·科拉东是一位美丽的女人。她不仅拥有迷人的美貌，还有着一副和丈夫一样乐于助人的好心肠。她是一位医生，平日里经常免费给穷人看病，深受人们的尊重。

杜南第一次见到科拉东时，就被她优雅的谈吐和惊人的美貌深深吸引了。当时的科拉东还是一名学生，杜南在银行上班。科拉东的单纯善良和天真无邪让杜南深陷情网之中。随着接触的深入，科拉东也开始关注这个有事没事找自己讨论问题的小伙子，她明白这个杜南对自己有意思。她细细观察着杜南，发现他身上有一种勇敢者的品格，她很欣赏这种品格。2年后，在科拉东毕业的那个季节，他们终于结婚了，开始了幸福快乐的婚姻生活。

1828年5月8日，科拉东生下了他们爱的结晶，一个健康的男孩。让·雅克·杜南给自己的儿子起名亨利·杜南。此时的让·雅克已经有了自己的银行，家里的经济状况也变得越来越好。优越的经济条件为亨利·杜南以后的发展提供了物质保障。让·雅克对儿子很是喜爱，但也非常严格。

接受良好教育的亨利·杜南继承了父亲和母亲的所有美好品德，他热爱阅读，长成了一个彬彬有礼、善良待人、热情大方的帅气青年。

亨利·杜南是一个勇敢的人。小时候的他体弱多病，身体瘦小。父母送他进加尔文教会学校上学。那时候，学校里的高年级学生常常会欺负低年级的学生。有一次，亨利看到一群学生聚集在一个角落，过去一看，原来是几名大孩子拦住了自己班里的一个同学，在那里推搡。亨利看了一会儿，听明白了怎么回事，原来是这些大孩子无礼索要零食，得不到满足就欺负这位同学。亨利把书包递给好朋友多科，准备上去理论。多科拉住了他，说："亨利，你疯了，这么多人都没管，你上去找揍啊？"

亨利甩开了多科，大声说道："遇到不公的事就该挺身而出，如果所有人都畏惧不前，这个世界就会被那些坏蛋所占领。如果我们因为恐惧而退缩，那我们读书有什么用？我们算什么绅士？"多科惭愧地低下了头，低声说："对不起，亨利。"周围的同学也都转过脸来看着亨利。这时候亨利走入人群，指着那些大孩子说："每个人都有自己的尊严，你们这样欺负一个比自己弱小的同学，伤害了他的尊严，你们不感到羞愧吗？你们身上该有的绅士的自尊呢？"

这时，周围响起了热烈的掌声。人群里，一位名为爱莉的女孩一脸崇拜地看着振振有词的亨利。那几个大孩子刚开始还没把亨利这个瘦弱的小子放在眼里，此刻却感觉形势不太妙，一个高出亨利半头的大胖哥走到亨利面前，不屑地说："小子，你想挨揍吗？这就让你尝尝我的拳头！"说着便举起拳头要砸下去，其他几个大孩子冷笑着准备看亨利挨揍，多科吓了一跳，拨开人群要去阻止，爱莉吓得脸都白了，愣在那里不知该怎么办。

谁也没想到，亨利这个瘦弱的小个子会突然跳起来，一记重拳打在这个高出自己半头的大胖哥的下颚上。大胖哥挨的这一拳可不轻，打得他瘫坐在地上半天不能起来。这时周围又响起一片掌声。爱莉大声朝大胖哥喊道："活该，让你欺负人！"大家也跟着喊了起来。那几个大孩子一看这情形，完全没了刚开始的盛气凌人，灰溜溜地跑掉了。

自此以后，勇敢的小亨利便在学校里出了名。亨利对多科说，虽然我们瘦小，但是我们的拳头也是有力量的，我们的声音也是可以震撼人心的。不要小瞧自己的力量，不要放弃自己说话的权利。

在这件事情上，亨利表现出了与众不同的决断力和说服力，展现了他不畏强势、保护弱者的美好灵魂。这些与年龄不符的特征构成了他独特的人格魅力，深深地吸引了好朋友多科，还吸引了那位聪慧美丽的姑娘——爱莉。

# 02

## 组织社团，被迫退学

亨利 18 岁的时候，陪同学去看望一位老先生。这位老先生孤身一人，没有收入来源，每天靠乞讨为生。亨利看着身患重病、走路不稳、说句话都气喘吁吁的老先生，看着床上又脏又乱、破败不堪的被褥和厨房里已经发霉了的面包，亨利的内心受到了极大的震动。他的善良不允许他坐视别人的苦痛，他立即把身上仅有的一点钱拿出来留给了老先生。回到学校，他便找到几位志趣相投的朋友，准备做一份日内瓦极其贫困者的调查。他们忙碌了 2 个月，见到过很多为了生活、做着繁重工作的蓬头垢面的小孩子，见到了很多疾病缠身却无力医治、瘫痪在床等待死神到来的老人……

亨利和他的朋友们看到了社会底层无数穷苦人民悲惨的生活状况。他们决定加入日内瓦慈善协会，更大限度地给予这些穷人帮助。

一个月后，慈善协会同意了亨利的申请。亨利和多科，还有爱莉，进行了一次小小的庆祝。此后的一年里，心系穷人的亨利积极投身于帮助穷人的活动中，把所有的业余时间都用在访贫问病的活动上。

这些工作大大提升了他的能力，为他以后的和平事业的发展奠定了基础。但也影响了他的学业，他的成绩在不知不觉中慢慢下降了许多。

一年后，在亨利·杜南 19 岁这一年，发生了他生命里极其重要的两件事。

第一件，他和朋友们创建了一个青年男子组织，起名为"星期四协会"，他们的主要工作是研究讨论圣经和筹资帮助穷苦的人。他们用大量时间在很大范围内进行了众多监狱访问工作和社会调查工作。

第二件，则是他的感情问题。

"多科，你过来一下！"亨利喊道。

"怎么了？"

"你来看慈善协会的这份账单！"

"有什么问题吗？"

"我查了一下我们去年做的日内瓦的穷苦人口的数据，这份账单显示的支出和我们调查的结果有很大的出入。"

这天晚上，"星期四协会"开了一个讨论会，主要是分析日内瓦慈善协会这一季度的支出问题。结果是，多支出了 1/4 的钱。

会上，一位叫米南的发了言："我认为，这件事情很重大，很可能涉及协会很多重要人物。如果事发，极有可能对协会造成极不利的影响。至于究竟如何处理，还要从长计议。"

米南话音刚落，亨利就拍案而起，他气愤地说道："这些赈济款，全是穷苦人的救命钱，我们慈善协会为什么成立？不是为了给那些人面兽心的家伙敛财用的，是为了改善人民生活、服务社会用的！发生了这种事，我们应当立即揭穿，将坏蛋绳之以法。有什么好从长计议的？难道我们为了所谓的荣誉，就可以置民众的利益于不顾，就可以把我们的良心丢在身后？"

亨利的这番讲话，震撼了在场的所有人，为大家敲响了警钟。以至于多年以后，很多人回忆那晚的会议时，都会说，他对我的人生影响很大。

他们不知道的是，多年后的亨利，影响的不仅仅是几个人，他对整个世界做出了巨大的贡献，对世界和平产生了极大影响。

后来，经过调查，原来是慈善协会副会长库里多报了名额，多余的赈济款全都流入了他的口袋。

库里受到了惩罚，慈善协会进行了整改，亨利·杜南的名字也开始进入了很多大人物的视野。

21岁时，亨利·杜南已经成了学校的名人。一次，学校组织了一场演讲比赛。口才卓异的亨利做了一篇"未来的国际关系"的演讲。

"试看未来的世界，必将充满和平之歌，试看未来的国际，必是充满贸易与友爱的大家庭，试看未来的世界人民，必将亲如一家，互爱互助……"

由于亨利积极热情地投身于社会调查工作和慈善工作、监狱探访和社团活动，他的业余生活全被此类事情所占，导致他的学习成绩严重下降。父母为此也多次和他交谈，可即使是在学校，他也常常沉思于社会问题而无法抑制。

终于，他收到了学校的一份警告，警告他在考试中再有不及格的科目，将被责令退学！

这天，亨利坐在草地上，望着头顶的天空，深蓝的天空上飘浮着洁白的云彩，远处的建筑物直愣愣地矗立着，微风拂过他消瘦的面庞。亨利回想着收到警告时的情景，他感到一种深深的愧疚感。回想起同学们惊讶的表情、爱莉的安慰和多科的劝慰，他思绪万千。亨利闭上眼睛，感受着大自然的气息。

"亨利！"亨利耳边响起了一个甜美的、熟悉的声音。

亨利回过头，看到穿着一件印花的白色裙子的爱莉站在身后。爱莉看到亨利回过头来，就做了一个可爱的鬼脸。

"爱莉，你怎么来了？"

"我看到你一个人坐在这儿，就……不由自主地过来了……还在为警告的事担心吗？"爱莉关切地问。

"没什么，男子汉遇到困难从不退缩。我成绩不好，是我的错，担心也没用。放心吧！我会好好学习的，下一次尽量全部及格！"亨利攥了攥拳头，说道。

"亨利，加油啊，我相信你！"爱莉鼓励他说，"如果……如果你……你，下一次全部及格的话……"

"怎么样？"

"全部及格的话，我就，就做你的……女朋友！"爱莉羞涩地跑开了。

晚上，爱莉躺在床上，怎么也睡不着，想着白天自己说的话，信心满满地准备迎接一场轰轰烈烈的爱情。这晚，亨利也睡不着了，回忆着白天发生的事，心情很是复杂。其实，亨利一直把爱莉当作好朋友，当作妹妹一样对待！爱莉的心思他早就知道了，只是知而不言。而在他的心里，早就有了另一个女生的影子。

终于，又一次考试结束，亨利忐忑地走出教室。

"亨利，等等我！"爱莉赶上来和亨利走在一起。

"怎么样？"爱莉试探地问了句。

"爱莉，我要走了，我要离开学校了！"

"什么？"爱莉难过地低下了头。"即使你不能再读书，我也愿意……愿意和你在一起。"

"爱莉，别这样，其实，我已经有喜欢的人了！"亨利抱歉地说，"可是，我们还是好朋友，我知道，你是个好女孩，我一直都把你当妹妹的，我们还可以一直做兄妹。"

几天后，亨利被迫离开了加尔文学校，他站在校门外，心里默默地说，再见了，我的母校！爱莉躲在角落默默地哭泣着。她也在心里默默地说，再见了，我心爱的人！

离开学校的亨利接受父亲的安排，去了一家货币兑换公司做学徒。在此期间，亨利勤奋刻苦地学习相关知识，更加积极地结交朋友，长了不少的见识。他分析问题和处理业务的能力也得到了很大的提高。

这段日子里，他和心仪的邻家姑娘德玛琪相爱了。德玛琪美丽动人、举止大方、温文尔雅。德玛琪一家是去年搬来日内瓦的，他们家是做贸易出口工作的。从社会地位来讲，双方父母很愿意看到他们交往。

有了爱情的支持，亨利工作起来更加有力量了。他的学徒工作做得更加优秀，几乎所有的业务他都能轻松搞定。在学徒期间，他硬是凭借三寸不烂之舌给公司拉到了很大一笔生意，所有人都对这个瘦小子刮目相看。学徒生涯结束后，他被录用为银行雇员。

有了正式工作的亨利，并不仅仅满足于每天平凡的工作，并没有沉溺于过庸庸碌碌的富裕生活。

工作上，亨利井井有条，所有的事务都处理得很好，完成了很多大项目的交易，受到了银行上上下下的一致赞赏。与此同时，他并没有忘记自己一直关注的社会活动事务。像以前一样，他利用几乎所有的空闲时间去做社会调查和帮助穷人，去处理教会工作和慈善事业。1852年，24岁的亨利·杜南创建了"日内瓦基督教青年会"，起草了日内瓦基督教青年会章程。这是他真正走向国际的第一步，为他未来的大作打响了第一枪！

同时，他的个人感情生活也有了归属，他和德玛琪结婚了，两个人开始了幸福的婚姻生活。

3年后，27岁的亨利·杜南远赴巴黎，参加了自己创立的基督教青年会在日内瓦建立国际组织的巴黎会议。在这次会议上，亨利更加深刻地理解了国际的意义，更加深刻地认识到了自己的力量。在此后的日子里，他一直坚信自己的力量，坚信自己可以做更大的事业，坚信上帝不会放弃他所救赎的人。

亨利还在会上发表了演讲，解释了他对基督教青年会的认识和理解，表达了对该组织今后发展的祝愿。

亨利的国际化之旅，正式拉开序幕。

# *03*

# 投资非洲，亲历战火

1853 年，25 岁的亨利·杜南因工作关系访问了阿尔及利亚、突尼斯和西西里岛。他开始进入一家致力于"塞提夫殖民地"的公司（Compagnie genevoise des Colonies deSétif）任职。在此期间，他努力工作，尽管没有什么经验，他还是成功地完成了任务。

在去往这些国家的旅程中，亨利·杜南经历了很多事情，见到了很多以前没见过的事物。灵感来自旅行，于是他决定把他在突尼斯的见闻编写成书。

突尼斯（Tunisia），位于非洲大陆最北端，北部和东部面临地中海，隔突尼斯海峡与意大利的西西里岛相望，扼地中海东西航运的要冲。东南与利比亚为邻，西与阿尔及利亚接壤。突尼斯是世界上少数几个集中了海滩、沙漠、山林等自然环境和古文明的国家之一。

突尼斯地理位置十分重要，地处地中海地区的中央，而且拥有长达 1300 千米的海岸线。突尼斯还被认为是悠久文明和多元文化的融合之地。亨利·杜南被突尼斯的文明和历史深深吸引。突尼斯的气候温和，即使在冬季也不会改变。这里有迷人的沙滩、温和的气候。与欧洲相邻的地理优势、物美价廉的商品、安定的社会环境和热情好客的民俗风情，使许多国际会议选择在此召开。

1858 年，亨利·杜南的第一本书出版了，他给这本书取名为《突尼斯摄政记》。

1856 年，经过一系列考察，亨利·杜南决定创办一家在外国殖民地经营的企业，即在被法国占领的阿尔及利亚创办一家玉米种植和贸易的公司（Mons-DjémilaMills），他相信这会给他带来相当可观的收益。然而，并不是所有事情都那么轻松。

当亨利去做这件事的时候，才发现事情有多么的困难，麻烦接踵而至，一份又一份报告交到他手里，他看得头疼。

"为什么过了 3 个月，你们才收购了这么一点土地？"他拍案而起。

"为什么这么久了，还申请不到水？没有水怎么种植玉米？没有玉米怎么获得收益？"他在员工大会上对员工们做思想动员。"一定要相信我们的公司，相信我们的事业，这是非常有前途的，既能造福大众，又有巨额收益的伟大事业！"

可又是几个月过去了，项目还是没有任何进展。

原来，由于当地土地权和水资源权没有明确分配，中间出现了很多问题，各方面的利益相关者关系又错综复杂，理顺起来有很大的困难。他们往殖民当局政府跑了无数次，每次都得到同样的回答。

就在大家一筹莫展的时候，亨利·杜南决定直接向法国皇帝拿破仑三世提出建议。

"亨利，你疯了？"德玛琪劝解道。

"亲爱的，放心吧！只要是我亨利决心要做的事，我就一定要用尽一切办法完成它！否则，我这一生都会感到不安的！"亨利·杜南看着美丽的妻子亲切地说。

亨利·杜南决定直接向法国皇帝拿破仑三世提出申请，他写了一本书，书中充满了赞美拿破仑三世的词汇，意图以此向皇帝提出自己的建议。终于，亨利出发了，前往索尔费里诺见法国皇帝拿破仑三世。这次决定，对他的人生又是一次大的改变，他将面临的是一个又一个大的考验。

当时拿破仑的军队在伦巴第。法国战斗在皮埃蒙特撒丁岛，其占据了意大利大片土地。拿破仑的总部设在索尔费里诺的小城市。

亨利·杜南没有想到的是，这次他见证了一场改变自己命运的战争。

奥、意、法战争中，奥地利军队6月在马真塔战役战败，向明乔河败退，奥地利皇帝弗兰茨·约瑟夫一世解除了居莱的职务，亲率奥军去和联军交战。双方在明乔河畔的索尔费里诺再一次陷入了一系列混乱的遭遇战。

然而在交战中，双方统帅皆失去了对部属的控制，但由于法军将领帕特里斯·麦克马洪、弗朗索瓦·塞尔坦·康罗贝尔、阿道夫·尼埃尔将军作战指挥正确，加上法军士兵作战勇敢，经过一整天残酷的血战，终于决定了交战的命运，奥军被打败了。只是由于奥军路德维希·冯·贝内德克将军实施了顽强阻击，才免于全军覆灭。是役，联军损失了17191人，其中皮埃蒙特军损失5521人；奥军损失22000人。

杜南在1859年6月24日晚上抵达了索尔费里诺，这一天在附近发生了一场战斗，多达4万余人伤亡，到处都是烟雾和血污，耳边充满了伤者的呼号和战马的嘶鸣，无数伤亡者被留在了焦灼的战场上，似乎没有人尝试着去对这些伤亡的士兵们提供照顾。

杜南穿梭在尸横遍野的战场中，满眼尽是残肢和鲜血。他愤怒地嘶吼着，在心底质问着："人类为什么要战争，为什么这么多垂死的生命没有人管，为什么把这么多孩子的父亲、女人的丈夫丢在这里？他们没有家庭吗？他们没有兄弟姐妹吗？上帝啊，我们应该救他们，应该拯救我们的灵魂。"

他似乎忘记了自己来这里的最初目的，携着内心的极大悲愤，开始积极组织附近的平民对受伤的士兵实行救助。

"兄弟姐妹们，各位母亲们、姑娘们，谢谢你们来到这里，谢谢你们愿意伸出援助之手，给予这些可怜的士兵以帮助。我们每个人都有父母，都有兄弟姐妹。我们都能体会到亲人的重要，就让我们把他们当作我们的亲人一样对待。现在，我们的亲人受伤了，我们该帮助他们！人与人之间，没有天生的敌人，我们都是上帝的孩子……"杜南进行了振奋人心的演讲。人们受到了鼓舞，都来对伤员进行救助。

妇女们积极加入了杜南主持建立的临时医院。伤员们缺乏足够的医治药物、器材和生活用品，亨利·杜南就自掏腰包，组织购买了所需的材料。他说，人民服务于伤员，而不考虑他们是冲突的任何一方。在实际运作中，也的确是这样做的。

附近城市斯蒂维耶雷堡的妇女还喊出了"Tutti fratelli"（都是兄弟）的口号。大家营救伤员的热情极其高涨！亨利还向法军提议释放奥地利的医生，经过努力交涉，最终成功地让法国人释放了抓获的奥地利医生。

亨利·杜南见证了这场战役，他目睹了战场上受伤士兵遭遇的无尽痛苦，看到了普通民众对生命的热忱。他看到了国家之间的战争对普通民众造成的伤害，承受着眼看无辜生命陨落而又无能为力的心灵的折磨。他萌生了开展一项运动的想法，而这场运动最终促成了《日内瓦公约》的通过和国际红十字会的创立。

# *04*

# 创立国际红十字会

亨利·杜南回到日内瓦，他决定写一本关于他的这次特殊经历的书，并给这本书起名为《索尔费里诺回忆录》。这本书出版于1862年，由亨利·杜南自费印刷。在书中，亨利·杜南强烈呼吁人类不要战争，在战时有必要不分你我，向敌对双方派出救护团体。他在书中提出了两项重要主张，一是在各国设立全国性的志愿伤兵救护组织，平时开展救护技能训练，战时支援军队医疗工作；二是签订一份国际公约，并给予军事医务人员和医疗机构及各国志愿的伤兵救护组织以中立的地位。

为了实现他的上述主张和建议，亨利·杜南开始进行欧洲游说活动。1863年2月9日，日内瓦公共福利协会主席、法官古斯塔夫·莫伊尼尔在该组织的会议上，对杜南的建议进行了审查和积极的评估，会上还决定成立一个5人委员会，即"伤兵救护国际委员会"，以进一步探讨其执行的可能性。杜南被邀请成为这个委员会的委员，并担任秘书，也就是主持日常工作。

1863 年 2 月 17 日，5 人委员会举行了第一次会议研究杜南的建议，议题之一是通过一个法律支持的特殊标志，以表示对军队医务人员、急救协会志愿者以及武装冲突受难者的尊重。标志要样式简单，易于辨认，尽人皆知，而且不分敌友，一视同仁。任何人使用标志都必须一样而且获得普遍承认。这个 5 人委员会，就是红十字国际委员会的前身，他们召开第一次会议的这一天被视为红十字国际委员会的成立日。

1863 年 10 月 26 日，欧洲 16 个国家的代表在日内瓦召开了首次外交会议，讨论改善对伤员的照顾。为了表示对瑞士的敬意，一致通过了《红十字决议》，也就是将瑞士国旗的颜色（瑞士国旗为红底白十字）翻转而成的白底红十字作为军队医务人员和急救协会志愿者的标志。

1864 年 8 月 22 日，在由瑞士议会组织的外交会议上，巴登、比利时、丹麦、法国、黑森、意大利、荷兰、葡萄牙、普鲁士、瑞士、西班牙和符腾堡共 12 个国家签署了"改善战地武装部队伤者境遇"的《日内瓦第一公约》。

# 05

## 荣获首届诺贝尔和平奖

1867年4月，由于被人陷害，亨利·杜南卷入了一个涉嫌商业欺骗的丑闻之中，他的公司被迫宣布破产，并遭到日内瓦贸易法院的谴责。

日内瓦是一个根深蒂固的加尔文主义传统城市，十分重视公共人物的道德，人们很难接受关于亨利·杜南的丑闻，要求他脱离伤兵救护国际委员会。1868年8月25日，亨利·杜南被迫辞去了秘书职务，9月8日，他完全离开了委员会。不幸的事总是接踵而至，同一年，亨利·杜南又被逐出基督教青年会，他的母亲也去世了。他再也无法忍受，决定离开日内瓦。

亨利·杜南搬到了巴黎。此时他没有了收入，生活已变得十分艰苦，有时窘迫到只能在公共长椅上睡觉。

然而，他没有放弃自己的追求，仍追求着他的人道主义想法和计划。在他继续追求和倡导他的想法时，他忘记了他的状况和收入，忘记了身上背负着沉重的债务，忘记了被朋友们抛弃，不断地奔波于各个地方。

世界也没有忘记他，法国的欧仁妮皇后在巴黎的杜伊勒里宫召见了他，向他咨询了有关将日内瓦公约扩展至海战的问题。亨利·杜南还成了奥地利、荷兰、瑞典、普鲁士和西班牙国家红十字会的荣誉会员。

1875年2月1日，亨利·杜南发起的"最终完全废除贩卖黑人和奴隶贸易"国际大会在伦敦召开。

1880年，"伤兵救护国际委员会"正式改名为"红十字国际委员会"。1887年7月，亨利·杜南搬到瑞士度假村海登，并且在那里度过了他的余生。这时，他每个月开始收到政府的一些财政支持和一些来自遥远的家庭的补贴。这使他经济状况有所改善，能够有一个相对较好的生活。

在海登，杜南开始记录他的生活经历，并于1890年出任海登红十字会名誉主席。

1895年9月，德国记者格奥尔格·鲍姆贝格尔在海登发现了亨利·杜南，并撰写了一篇题为《红十字会的创始人亨利·杜南》的文章发表在德国《地球物理学报》上。各国报刊纷纷转载，亨利·杜南重新回归到人们的视线中来，人们想起了这个伟大的男人，他得到了更多的关注和支持。

1901年，杜南因其在建立国际红十字运动和发起日内瓦公约方面的作用获得首届诺贝尔和平奖。

1910年10月30日，亨利·杜南去世。

1948 年，经世界联合会执行委员会同意，红十字创始人亨利·杜南先生的生日 5 月 8 日被定为世界红十字日。

1984 年，由于不断有红新月会加入，世界红十字日正式更名为世界红十字与红新月日。

# 心灵的浪漫骑士、
# 诺贝尔文学奖获得者

——赫尔曼·黑塞

赫尔曼·黑塞（Hermann Karl Hesse，1877—1962），瑞士著名诗人、散文家、心理学家、社会批评家和和平主义者、1946年诺贝尔文学奖获得者。出生在德国，1919年迁居瑞士，1923年加入瑞士国籍，1962年于瑞士家中去世，享年85岁。

黑塞的诗歌极具浪漫主义色彩，婉丽飘逸，被人称为"德意志浪漫主义最后一个骑士"。黑塞的小说，是将精神上的矛盾物化于小说中的人物，将理智与感情、知识与爱情、艺术与现实的对立完整地展现出来。黑塞的作品几乎涵盖了一生的探索，从《流浪者之歌》《德米安》中对信仰的摧毁与重建，到《玻璃球游戏》中最终的明悟以及在《纳尔齐斯与歌尔德蒙》中对生活的理解。阅读黑塞像是与黑塞同行，日落中天，让人欲罢不能。

# 01

## 大自然孕育的诗人

黑塞出生在德国的卡尔夫小镇一个富有文化气息的家庭。他的祖父和父亲都是印度传教士。黑塞的家人都希望黑塞将来能够和长辈一样成为一名传教士，可黑塞对传教士没有很大的兴趣，他非常向往外面的美好世界。卡尔夫小镇森林葱郁，一片宁静，没有城市里的喧嚣，到处充满着浪漫的气息。小镇里大多是木楼房，结构别致，让人赏心悦目。4 岁时黑塞跟着父亲来到瑞士的巴塞尔生活。在巴塞尔，他们家后面就是一片宽阔的充满生机的草场，这里生活着很多善良淳朴的小镇居民。黑塞在这里认识到了很多朋友，他们经常在草原奔跑，看日出日落，与大自然的亲密接触让黑塞有了丰富的创造力。

赫尔曼·黑塞非常热爱大自然，最喜欢田园风光。他一生的创作与他热衷旅游，用双脚走遍世界各地，用双眼领略各色风光密切相关，这些都成为他创作过程中的色彩，是这些色彩让他的作品生机勃勃。他有很多诗作都描写了美好的风景，部分小说里的背景也是他曾居住的地方。

黑塞的理想是做一个诗人，当他把这个想法告诉自己的父母时，他们否定了黑塞的想法。父母觉得这个职业一点也不高贵，而且很可能赚不到钱来维持基本的生活。

在父母的一再坚持下，14 岁的黑塞进入神学院读书，但黑塞对这方面的学习始终提不起兴趣，在学校里和其他的学生也没有共同语言，同学们渐渐地疏远他，他开始变得孤僻、暴力。他和同学打架，而且经常逃课，学校便将这种情况反映给了黑塞的父母。黑塞的父亲非常生气，把黑塞狠狠地教训了一顿，并警告他再这样会得到很严厉的惩罚，黑塞很害怕，不敢再打架、逃课。但是黑塞的精神状况每况愈下，并患上了严重的抑郁症，一度想开枪自杀。黑塞的父母这才意识到事情的严重性，不敢再逼迫黑塞，黑塞便从这所学校退了学，正式步入了社会。

黑塞退学后便开始了自己的写作生涯，但他的作品很少发表。这样一来，黑塞的经济状况一直不佳，生活过得异常艰难。为了谋生，黑塞做过许多体力工作，1893 年 10 月，16 岁的黑塞进了埃斯林根的迈尔书店当学徒，可是他作为新徒工上任 3 天就弃约，一声招呼不打就逃之夭夭了，理由很简单：没兴趣，没力气，没勇气。回到卡尔夫家里，黑塞自然少不了受到父亲的指责，父子俩关系趋于紧张。为了不再让父亲操心，也不想在家吃闲饭，黑塞决定找份工作做。于是，1894 年他来到家乡的佩罗特塔钟工厂实习。天天与烙铁、虎钳和机床打交道，有时还得爬到教堂钟楼安装大钟，这自然不符合黑塞的秉性，也不是他的兴趣所在。但他毕竟长大了、懂事了，在劳动中，他青春期的精神危机也逐渐得以克服，内心有所转变。

工作之余，黑塞阅读了大量的书籍，并开始进行文学创作，创作了不少文学作品。黑塞读书是有选择的，不是什么书都读、囫囵吞枣，他每读一本书都是在和作者交朋友，他要深入书中去，认为这样读书才能有收获。至于读书方法，黑塞认为没有一定的规则，什么时间读什么，全凭自己的需要，但读书有一点最重要，那就是尊重自己所读的书，成为书的朋友，让书的精神融进自己的血液，这样才没白读。1904年黑塞的长篇小说《乡愁》出版，轰动一时，黑塞也凭借这部小说得到了很多人的喜爱，甚至有些文学家对黑塞大加赞赏。从此，黑塞的稿酬翻了好几番，生活水平得到了很大的改善，这时，他便辞去了杂工工作，并搬到了乡村，开始专注于文学创作。

他始终没有忘记自己最初的理想，就是成为一个诗人。他一生热爱写诗，所以黑塞的创作生涯始于诗歌，也终于诗歌，他的诗歌语言非常浪漫，有强烈的节奏感，表达了他对自然、对美好生活的热爱和向往。

不到5岁的时候，黑塞就喜欢说韵文，甚至比一些成年人还说得好，大家都觉得黑塞是个小神童；9岁他读了荷尔德林的《夜》，对这首诗作感触颇深，从此更加热爱诗歌；12岁的时候便决定将来当个文学家，每天创作诗作；15岁黑塞情窦初开，爱上了一个女孩奥格妮，为她写了23首情诗；20岁，黑塞在父亲的推荐下阅读了诗集《中国牧笛》，他深感震撼，并在读完这本诗集后给予了相当高的评价：这是我看过最好的诗集，里面的诗作都非常生动，读来让人身临其境，不愿离开。在这部诗集中他最欣赏的就是李白的诗，后来他翻阅了大量的资料去了解李白这个人，当知道李白跟他一样也喜欢借酒抒情时，他对李白的狂放不羁有了极大的认同感，甚至在他后来的诗作中引用了李白的诗。30 岁时他为自己写了墓志铭，对自己的介绍中只提到是一个诗人。

黑塞一生都在发现风景的路上。散文集《在路上》就是他多年游历的深刻体会。他曾到过意大利、德国、马来半岛、新加坡、苏门答腊、锡兰等地。在这些地方，黑塞结识了许多朋友，他们一起游览美好风景，探讨诗歌文学，其中就有法国著名的文学家罗曼·罗兰。

1908 年，他来到了意大利。意大利的美丽景色太过浓烈和热情，直接撞进了他的心田，以至于多年之后那种震撼依然存在。同时这里的人文文化更是让他大开眼界，他仿佛进入了一个新的世界。意大利之行让他深刻地认识到了自己视野的局限性，他决定多去各国看看，从此，他开始了世界之旅。1909 年，在去往新加坡的途中，他病倒了，但他终究控制不住自己向往自由的心，几周后他便和朋友踏上了去印度旅行的路程。这次他想到祖父和父亲曾经工作的地方看看，他想知道这个古老的国家究竟和自己小时候读的书籍里描述的是否一样，他对印度的文化非常向往。只可惜，当他到达印度的时候，这里已经是欧洲国家的殖民地，各种文化的混杂让印度变得失去本色。黑塞非常失望，但他没有停留脚步，继续行走于世界各地,让自己的心灵徜徉在世界各式文化之间。

黑塞用文字给世人描绘了一幅人与自然融为一体的画面。黑塞用诗人的情怀描绘出了色彩绚丽的浪漫画卷。大文豪纪德在读到黑塞的《流浪》诗集后称赞不已,说它散发着"大自然的清香""与外部世界完全和谐地融为一体"。

黑塞的诗歌创作生涯整整持续了 70 年,像是为了诗歌的种子努力耕耘的诗农,种子不断结出果实,收获颇丰。黑塞一生共创作诗歌作品 1000 余首,已出版的 12 本诗歌选集都是亲自编选。黑塞后来生病,体力不支却依然坚持创作,在去世的前一天他写下了自己人生中的最后一首诗《残枝嘎响》。

# 02

## 不圆满的婚姻、流世的杰作

1904 年,在朋友的介绍下黑塞认识了玛丽亚·贝诺利,他被这个美丽优雅的姑娘深深吸引,并展开了疯狂的追求。黑塞为贝诺利写了大量的情诗,而贝诺利也对黑塞的才华大加赞赏,不久之后便接受了黑塞的追求。同年他们结了婚,迁到博登湖畔,开始过着诗意的甜蜜生活,他们在这个地方生活了 8 年之久，这期间他们经常外出旅行，感情看似非常深厚。但这段海誓山盟的婚姻终以破碎收场，更不用说他这种三心二意的婚姻。

1923 年 9 月，和太太贝诺利分居 4 年的黑塞正式离婚了。黑塞后来在参加弟弟婚礼时回忆自己的婚姻生活时说了这样一段话："在我看来，不结婚的话，会比现在要好过千万倍，我思潮如涌，想起十四年前决定结婚、举行婚礼时，内心有多么激烈的斗争。……我们这样的人扮演市民的角色去结婚，是不会有什么好结果的，我们适合做隐士、学者或者艺术家，要不然做荒漠里的圣徒，但是我们不适合做丈夫、做父亲。"

在与贝诺利离婚后，1924 年，黑塞遇到了让他心动的一个女人路特·文格尔，这位姑娘是瑞士女作家丽萨·文格尔的女儿，他为她作诗、画画，给她无微不至的照顾。这让文格尔非常感动，开始依赖黑塞，一段时间后他们结婚了，并搬到了蒙达纽拉郊外居住。在这里，黑塞每天照顾花草，料理果园，闲时读书写作，过着悠然自得的生活。黑塞还空出了一个房间作为自己的工作室，每日在这里画画。

但黑塞的第二次婚姻也没延续多久，3 年后两人就劳燕分飞、各奔东西了。黑塞不但忍受着婚姻抛锚的痛苦，坐骨神经痛及风湿病也在肉体上折磨着他，他不得不去苏黎世附近的巴登温泉疗养，从此每年冬季至来年春季他都来此疗养，一直延续到 1952 年。

在疗养地，他的身体在休养，可思想不会休息，他仍不断思索，不断天马行空地想象，笔耕不辍。下榻旅馆的抽屉里放着《纳尔齐斯与歌尔德蒙》《东方之行》和《玻璃球游戏》的手稿，他写了几百封信，记下几百篇日记，又有几十首诗从笔尖流泻出来。这一年他的《辛克莱笔记》出版，收录了《欧洲人》等作品和一些评论。他把在疗养地的生活经历记录在《疗养客》中，于 1925 年发表。这本小书除了描写疗养院的生活外，还包含着自我分析、思考、心理分析等真情表白，是尽可能真实地、真诚地把一小段生活努力记录下来的真实写照。黑塞思考的问题是艺术家如何面对现实、如何在现实中生活。他在分析自我时，把自己一分为二，一个是疗养客黑塞，一个是诗人黑塞，有时两者结合，有时诗人跳出自己观察疗养客黑塞。

在疗养地，黑塞并不孤独，来自世界各地及他生命各个旅程段的同事和朋友纷纷来到这里拜访他，黑塞与来客愉快地交往着，晚上一起喝喝酒，闲聊一阵。黑塞不仅不忘旧友，还结交新朋友，而且朋友的层次也扩展了，不仅与艺术家文学家来往，也和商人、历史学家、艺术收藏家、赞助商和宫殿主人交往。小城的人，小城的山水都给黑塞留下了难忘的回忆。

# 03

## 与德国一生的纠葛

第一次世界大战爆发后，世界各地人民都陷入了深深的恐慌，黑塞对此痛心疾首，心情一度郁闷。无法释怀的他只好每日游览山水，不间断地创作诗歌来寄托自己忧郁的心情。二战期间，黑塞仍在坚持写诗，他给自己小儿子马丁的信中寄上了自己的新诗《吹笛》的修订篇，他提到自己修改的原因是不理解这场战争的意义所在，他认为这样的战争只会粉碎人们正常的生活。他不想每天活在担忧恐惧之中，写诗给他带来了极大的乐趣并让他安心。

1923 年，黑塞入了瑞士国籍，因为他对德国彻底失望了。在他眼里，德国并没从第一次大战经历过的战败中学到什么，没从战争中接受教训，这个国家已是不可救药了。黑塞真是有先见之明，当时的德国确实劣性难改，以后又成战争祸首。黑塞加入了瑞士籍，也就避免了后来受法西斯的迫害而流亡的命运，冥冥中黑塞做出了极为正确的选择，仿佛上苍在保佑着他。

1946 年，是黑塞文学创作的丰收之年。

这一年，法兰克福决定给黑塞颁发法兰克福歌德奖。

当知道这个消息后黑塞思想很矛盾，他犹豫是否接受这个奖项，原因有二：其一，对于劳累过度的 69 岁的黑塞来说，这种荣誉意味着更多的负担。其二，黑塞对德国战争期间对他作品的封杀仍耿耿于怀，他认为他在希特勒德国蒙受了耻辱，现在德国应为他恢复名誉，作品才能得以出版。如果接受了这个奖会被世人认为自己与德国已经和解了。这是黑塞不愿意做的。自第一次世界大战起，黑塞与德国的关系很尴尬，一方面德语是黑塞的思维工具，德国是他的精神故乡。但另一方面，对 1914 年以后德国的所作所为，黑塞一直持批评态度，他拒绝参与德国的政治。他热爱德国文化，热爱这个民族，但痛恨德国所选择的政治道路，他不愿意因接受这个文学奖而与这个国家和好。不过黑塞很快改变了自己的认识，原来的德国"已不存在了"，"这一荣誉并非由那个已不存在的德国颁发给我的，而是由法兰克福这个富有民主传统和犹太文化的可爱的老城市发给我的"。尽管一大堆谩骂信飞向黑塞，但他还是决定接受法兰克福歌德奖这个荣誉，但他把奖金留在了德国，赠送他人。

# *04*

# 人生的巅峰时刻

1946 年 11 月，黑塞成为诺贝尔文学奖的得主。

获奖的评语是："由于他那些灵思盎然的作品——它们一方面具有高度的寓意与深刻的见解，一方面又具有古典般的人道理想与高贵的风格。"瑞典文学院常任秘书安德斯·奥斯特林在授奖词中对黑塞的生平进行了简短的介绍后说："他那总是令人崇敬的风格既具反抗精神，令人心醉神迷，又富于哲理性，发人深省，两者都是完美无缺的。"在授奖词中特别提到了《荒原狼》，称这部小说是"用灵感写成的""具有爆炸性，无与伦比"。在主题处理上既有"辛辣的幽默"，又有黑塞作品一贯的"诗情画意"。

《荒原狼》首版于 1927 年，是黑塞中期创作的代表作，亦是他创作生涯中的里程碑。

《荒原狼》的主人公哈勒尔是个正直的作家。他鄙视现代社会生活方式，常常闭门不出，令人窒息的空气使他陷于精神分裂的境地。由于精神失控，他杀死了酒吧女郎赫尔米娜。从此他像一只狼一样被无情追猎，并被精神疾病折磨，面临着很多人生的两难，陷入了生命的绝境；最终他从歌德、莫扎特等不朽者的崇高思想中得到启发，摆脱绝望，重新回到现实生活。小说幻想色彩浓郁，象征意味深远，揭露出那个时代对精神的蔑视，并给那些怀疑人生，把人生是否有意义这个问题作为个人的痛苦和劫数加以体验的人们提供了一种精神寄托。

《荒原狼》不仅是一本以净化灵魂为目的的书，也是一本明确指出即将"爆发一场战争"的警世著作。黑塞通过主人公的口指出，人们并没有从第一次世界大战中吸取教训，每天都有成千上万的人在热心地准备下一场战争，成千家报纸、杂志，成千次讲演、公开的或秘密的会议在宣扬虚假的爱国主义，煽动复仇情绪。书中这样写道："我的同胞中三分之二的人阅读这种报纸，每天早晨和每天晚上听到的都是这种调子，他们每天被灌输、被提醒、被煽动、被搅得不满和发火，这一切的目的和结局就是爆发一场战争。"

通过《荒原狼》等代表作，诺贝尔文学奖的评委们不仅看到了黑塞的浪漫情怀，也看到了他的战斗精神。他不仅是浪漫骑士，也是叛逆者，是斗士，是现实主义者，授奖词中说"他有激昂的反抗倾向，都是燃烧着的火焰，一旦他认为神圣的东西受到威胁，就会由梦想家变成斗士。如果忽视这一点，就可能把他当成浪漫主义的诗人。"

诺贝尔文学奖对黑塞来说来之不易。他是个老候选人了，曾 15 次被提名。1929 年，托马斯·曼获诺贝尔文学奖后就极力推荐他的这位朋友，还不遗余力地在许多文章中大力赞扬黑塞的作品。在黑塞 60 岁寿辰时，托马斯·曼在《苏黎世报》上公开呼吁瑞典文学院把诺贝尔文学奖给黑塞，称黑塞是大作家，遭忽视是不公正的。然而，黑塞每次都与诺贝尔文学奖擦肩而过。1931 年，瑞典文学院对黑塞作品的研究报告称，虽然他的小说"揭示了战争导致西方人的良知危机，展示了真正的原创力"，但他"不是一个小说家，不是一个哲学家，而是一个抒情诗人"。但"文学判官"们的意见也不统一，瑞典文学院常任秘书安德斯·奥斯特林认为黑塞的晚期诗歌是现代德语文学中"唯一十全十美的东西"。其他几位评委也十分希望奖励"在逆境中蓬勃滋长"的诗歌创作。瑞典文学院又三番五次对他的诗作和小说进行了研究，最后决定将 1946 年的诺贝尔文学奖授予他。

# 05

## 黑塞的中国情结与身后的影响

黑塞因受家庭多元文化气息的影响，因袭了双亲及外祖父母对于文学的兴趣，黑塞一生钟情于东方文化，特别是对印度和中国文化发生了共鸣。来自古老东方有千年文明底蕴的中国文化一直被黑塞视为自己精神上的故乡，他在那里找到了属于自己的一片天地，他的作品中有许多中国文化的成分。他27岁时在读叔本华时重遇印度哲学思想，后通过《薄加梵歌》《佛语》《吠檀多经》《奥义书》和《佛陀》等德译本，进一步了解了印度文化。但战争改变了他的思想，使他转向内心之路，他在中国文化中找到了走这条路的精神支柱。在寻找到这条路后，黑塞便致力于东西方文化相结合，各民族之间相联结，在较高的精神层次上达到和谐统一，并借以达到客观世界的和谐完美。黑塞后半生始终跋涉在这条布满荆棘的路上，哪怕历尽艰辛，哪怕心灵炼狱，在这条路上义无反顾地走下去。

当年黑塞在去印度的船上结识了一位中国人，此人来自上海，博学多才，外文极好，他兴致勃勃地给黑塞用英语背诵了《诗经》中的篇目，给黑塞留下了深刻的印象。

黑塞一生在不断进行诗歌创作的同时也在潜心研究中国文化，60年的时间，几乎和他的创作生涯重合。在此期间他对中国哲学作品的研究多达160本，包括他极为推崇的道家经典《老子》。他不仅读，而且评，曾写过40多篇关于中国书的文章。一个欧洲人读了这么多中国文化的书籍，甚至比一些中国人读得还多,可见中国文化对他的吸引力有多大。在他的书房中还辟有中国角,那里散发出的深邃的中国文化气息帮助他度过了战争黑暗的日子,给他以精神支撑。

第一次世界大战结束后,黑塞认为只有中国的圣贤能够拯救欧洲的灵魂,他把中国思想的传播看作一个思想任务,在 Vivosvoco 杂志上他写道:"我们迫切需要的智慧在《老子》里,把它译成欧洲语言是我们当前唯一的思想任务。"黑塞对庄子推崇至极,说:"欧洲有些国家在它们整个历史上也没出现过一部能与《庄子》媲美的著作。"

他在充满智慧的中国传统文化经典篇章中,与中国先哲们对话,遥想着东方那神秘的国度,神思早已飞往中国圣人们的精神世界去遨游。

当时的欧洲形成了一股中国热,许多文人哲人都对中国产生了极大的兴趣,比如叔本华、尼采。黑塞对中国文化的关注并不是赶时髦或用异国文化装点自己的作品。不,他不是这种玩时兴追时尚的人。他的思想孕育于西方文化,根植于基督教的文化土壤,他不会崇"东方"而忘祖。他的眼光宏远,他是从文化角度来思考对中国文化的接受,是想让中国文化来冲涤一下西方趋于僵化的思维,他说:"对于我们欧洲人来说,古老中国的思想,特别是早期的道教思想,绝非冷僻的稀奇古怪的东西,从根本上已证明,它在重要的问题上对我们是有益的、有帮助的。这并不是说我们可以从这些古老的哲理书籍中一下获得一个新生活观，也不是要抛弃我们西方的文化而变异为中国人。但是，在古老的中国，尤其从老子那里，我们可以看到一种为我们极为忽视的思维方式，我们看到，在那里蕴藏着某些力量，而且认识到由于我们忙于别的事情，长久以来没有对此进行过关注。”

另外，黑塞懂得文化是人类的共同财富，是服务于整个人类的。外来文化对黑塞的创作产生了极大的影响，他吸收了印度教和中国传统文化（主要是儒教与道教）的营养，将多种文化熔于一炉，炼就了他内容博大精深、浸透着人类各种文化的佳品。

黑塞去世后在世界范围内掀起身后热，他的作品越过边界在国外“热”了起来，其作品已被译成 53 种语言，742 种译本，仅在印度，《席特哈尔塔》就被译成了 12 种语言。

黑塞是许多美国人心中的偶像。特别是《荒原狼》，它在问世差不多半个世纪后在美国掀起一股“狼潮”，甚至有个摇滚乐队都取名为“荒原狼”。一些离经叛道的年轻人在小说主人公哈勒尔身上找到了自己的影子，哈勒尔成了他们的楷模与偶像。哈佛大学的讲师、嬉皮士卫士、作家蒂摩西·利莱就曾说，《荒原狼》是他的最爱，黑塞是“世界文学最伟大的作家”。许多嬉皮士青年和激进青年都把读黑塞的书看作时尚。许多黑塞的作品一下子成了畅销书，高潮时，黑塞的书在 10 年间就售出 1100 万册。黑塞不仅在大众那里受到青睐，也成了教育机构和文学批评界的研究对象，有关黑塞的博士学位论文大量涌现，大学里关于黑塞的讲座听众众多，评论文章和书籍也数不胜数。《荒原狼》和《纳尔齐斯与歌尔德蒙》还被拍成电影。黑塞在美国的强劲势头连评论家们都看不懂了，比如彼得·威廉就曾说，黑塞"在美国的胜利进军对于一个欧洲作家来说真是史无前例"。

　　黑塞对中国读者来说既陌生又熟悉。说他陌生，是因为没有多少人知道他，读过他作品的人就更少了，虽然早在 20 世纪前半叶，即 1926 年中国就有了关于他的评介，1931 年就有了他短篇小说的中译本，1936 年上海商务印书馆出版了黑塞作品的单行本——中篇小说集《青春是美好的》；说他熟悉，是因为只要读了他的作品，就会有似曾相识的感觉。有个读者读完黑塞作品后不禁感叹道：黑塞怎么像个中国作家！这个读者发感慨时黑塞的《玻璃球游戏》还没有中译本呢，如果他读了黑塞这部重要的作品，更会觉得他像中国作家。读者之所以会有这样的感受，是因为黑塞作品中表现的思想与中国文化相通，作品中矛盾的对立统一的思想无处不在。他的作品包含众多的中国文化元素，比如有中国人出现，大段引用中国典籍。他的作品读多了，就会由熟悉变为喜欢，甚至被他所感动。随着黑塞作品不断地被译成中文，喜欢他的中国读者越来越多，有些读者对黑塞的作品简直是爱不释手，百读不厌。

# 心理学的鼻祖之一

## ——卡尔·古斯塔夫·荣格

卡尔·古斯塔夫·荣格（Carl Gustav Jung，1875—1961），瑞士心理学家，曾任国际心理分析学会会长、国际心理治疗协会主席，创立了荣格心理学学院。主要代表作有《心理类型》《金花的秘密及评论》《心理学与宗教》《论精神的实质》《埃里恩：自身的现象学研究》《答约伯》和《共时性：相互关联的偶然性原理》等，这些著述在世界心理学界都得到了很高的评价，荣格因而被称作心理学的鼻祖之一。

荣格还是一个博学的学者，一个多产的作家。除了心理学、精神病学和医学之外，他对神话学、宗教、哲学、诺斯替教和炼金术也有很深刻的研究与见解；他的母语是德语，但他精通英语、法语、拉丁语和希腊语，而且他对每种语言的文学佳作都如数家珍。

荣格始终是一个深刻内敛的人，和人与事件构成的外部世界相比，他对梦和意象构成的内部世界更感兴趣。从童年时期起他就具有一种内省的天赋，这使他能够密切地注意到在意识界阈处或其之下发生的那些体验——我们中大多数人对这些体验几乎完全没有觉察。这种天赋至少部分地源自他出生和教养的独特环境。

# *01*

## 重视梦境和幻觉

1875 年 7 月 26 日，荣格出生于瑞士的凯斯威尔。父亲是一位虔诚的牧师，家里的 8 个叔叔及外祖母都是神职人员。他本来有 2 个哥哥，但都在他出生之前夭折了。受此打击，母亲性情反复无常，并且与父亲关系不和。在这种家庭环境下，自小荣格便是个奇怪而忧郁的小孩，他大都是独处，常常以一些幻想游戏自娱。渐渐地，他觉得自己有神秘的直觉，一直非常留意自己做过的梦和所有的幻觉。

1895 年荣格考入巴塞尔大学，他选择的专业是自然科学和医学，并不是因为他对这个专业有浓厚的兴趣，而是由于他做了一个梦：在梦境中，他走进了一所大学校园，不过异常奇怪的是学校里一个人都没有，气氛特别的压抑，不知道是什么驱使着他，他走进了一间教室。教室里有一张课桌上放了书本，他走近后发现是有关自然科学和医学的读本，他坐下来认真地阅读，被里面的内容深深地吸引了。

在巴塞尔大学学习的这段时间，他又做了一个对他后来具有重大影响的梦：一个漆黑安静的夜晚，冷风直刮，大雾遮挡了他的视线，他艰难缓慢地前行，他的双手紧拢着一簇微弱的灯火，火苗随时可能熄灭。突然他觉得身后有什么东西，于是就往后瞥了一眼，他看见一个巨大的黑影，感到非常害怕，但他的潜意识告诉他，只要他的微弱的灯火能保持光亮，他就会没事，他觉得这一小簇灯火就是他的意识，他的思维能力，他的精神依靠。

于是他从社会隔绝中摆脱出来，加入了瑞士学生佐芬吉亚协会的巴塞尔分会，并开始发现他能够通过其观点的力量和独创性来影响人们。

他了解到古希腊哲学家赫拉克利特的一个观念，就是所有的事物都有向其对立面发展的趋势。荣格非常认同这种说法，并用自己的亲身经历论证了它：随着小孩年龄的增长，他会不自觉地去弥补父母身上的缺点，表现出跟父母截然相反的性格。荣格就是这样，荣格的父亲缺少自信，不爱思考，拘泥于教条，不愿面对生活中需要解决的问题；和他相反，荣格对自己很有信心，喜欢钻研知识，对教条不屑一顾，勇于直面自己的生活和感情，即使遭到很多人的反对，也会坚持做自己。

具有重要意义的是，他向协会提交的第一篇论文的题目是"论精密科学的局限性"，在这篇论文中他抨击了科学家们缺乏弹性的唯物主义。在后来的一次演讲中，他提出，灵魂虽然是非物质的并且存在于空间和时间之外，但应该是可以通过对催眠术、梦游症和灵媒交流等现象的研究进行实证调查的。他的论文演说吸引了大批听众，并且引起了热烈的讨论。

他决心要对自己的观点进行检验，于是在他还是一个大学生的时候，就开始参加一个年轻灵媒的降神会并将其记录下来，这个年轻的灵媒是他的一个表妹——海伦妮·普赖斯威尔克。他的表妹所做的表演有两个方面给荣格留下了特别深刻的印象。其一是，她的"灵魂"在她看来似乎是那么真实："我看见它们就在我面前。"她告诉他，"我能够触摸到它们，我向它们倾诉，它们会给我一定的反应。"其二是，当海伦妮处于灵魂附体状态时，出现了一个相当不同的、更高贵的人格。她的"控制"灵魂——她说自己的名字叫"伊文斯"，以一种非常标准的高地德语讲话，而不是海伦妮惯常使用的巴塞尔方言。荣格得出结论认为，"伊文斯"是在海伦妮的潜意识中发展起来的成熟的成人人格。降神会提供了这一发展人格，成为荣格进行研究的一种手段。他在 2 年多的时间里所收集的那些细致详尽的观察材料，形成了其博士学位论文《论所谓神秘现象的心理学和病理学》的基础，这篇论文是于 1902 年在巴塞尔大学提交的。对荣格来说，这项研究的重要性要远大于他由此而获得的博士学位。

　　他探讨这个问题的方法是受心理学家西奥多·弗卢努瓦的一项早期研究的影响，这项研究的对象是一个名叫凯瑟琳·马勒的女人：她在所谓鬼魂附体状态下，详尽地讲述了她数个前世的生活。弗卢努瓦得出的结论是，她所讲述的实际上是一些想象的传奇故事，它们是潜意识里心灵有创作神话故事力量的证据。

　　在他的医学学习即将结束的时候，他读到了克拉夫特·埃宾的《精神病学教科书》，这促使荣格作出了要当一名精神病学家的决定。这本书的序言对他产生了如此重大的影响，以致他的心开始剧烈地跳动，他不得不站起身来深深地吸了一口气。使他感到兴奋的是，克拉夫特·埃宾把精神病描述为人格疾病，而且他声称，关于精神病学的书籍势必打上主观的烙印。荣格告诉我们：在一道启示的闪光中，他把精神病学视为唯一可能的职业。

　　当荣格告诉他的导师和同学，他打算专门研究精神病学时，他们都很震惊，因为他们觉得他是在浪费自己的才能。精神病学是医学中最不受尊敬的专业，而他们相信荣格本来会成为一名大有前途的内科医生。但是，在1900年底以优异成绩获得医学学位之后，他很幸运地被位于苏黎世的伯格尔斯利精神病医院所录用，成为尤金·布洛伊勒的一名助手。尤金·布洛伊勒是那个时代杰出的精神病学家之一，注定会作为精神分裂症这个术语的创立者而被载入史册。

伯格尔斯利医院享有苏黎世大学精神病诊疗所的盛誉，荣格把他在那里度过的几年视为非常宝贵的实习期。布洛伊勒很快便认识到荣格的才华，并尽力促进他的事业发展，把他提升为自己的副手，让他担任门诊部的主管，还在苏黎世大学给他安排了精神病学和心理治疗讲师的职位。更重要的是，布洛伊勒让他研究高尔顿的字词联想测验。这项研究为荣格在心理学界赢得了很高的声望，也让他赢得了与西格蒙德·弗洛伊德的友谊。

所有研究心理学的学生都很熟悉的字词——联想测验，就是弗朗西斯·高尔顿爵士设计的，并且被威廉·冯特加以发展。测验的步骤很简单。测试人把认真准备好的一个词表上的一系列单词向被测试人出示，读出每个单词后稍微停顿一下，让被测试者用他心里想到的第一个单词进行反应。把反应词连同反应时间一起记录下来，反应时间指的是引出反应所花费的秒数。当所有的单词都念完之后，再重复这个程序，要求被测试者像上一次那样用同样的单词进行反应。在荣格之前曾做过这个测验的一位研究者西奥多·齐亨已经证明，当刺激词与被试心灵中某种不愉快的或引起不安的概念相关时，就会出现反应时间延长。当所有在某一被试身上导致延时反应的单词都被收集在一起时，有时候就能够在它们当中发现一系列相关的概念——齐亨称之为"一种受情绪指导的表述情结"。这个发现使荣格特别感兴趣，因为他在研究海伦妮·普赖斯威尔克的灵魂附身状态时已经警觉地注意到，存在着一部分人格，它们是由不相关联的潜意识成分组成的，这些成分与法国心理学家皮埃尔·让内描述为"下意识的固定观念"的成分很相似。

## 师从弗洛伊德，坚持本身完整

1905 年，荣格升任苏黎世大学的精神医学讲师，并在同年升格为精神科医院的资深医师，主讲精神心理学，也讲授弗洛伊德的精神分析以及原始人心理学。

弗洛伊德（1858—1939），奥地利心理学家，他于1899 年出版《梦的解析》，被认为是精神分析心理学的正式形成。

荣格在读到弗洛伊德的《梦的解析》一书时，他对精神分裂症病人实际说的和做的事情给予高度的关注，并且证明了他们的妄想、幻觉和动作不是简单的"疯狂"，而是充满了心理学的意义。例如，他发现一位老妇人在伯格尔斯利住院的 50 年时间里一直在做缝补的动作，仿佛是在缝补鞋子，而就在她生病之前，她被情人抛弃了：正如荣格所发现的那样，其情人是一个补鞋匠。荣格相信精神病现象与病人血液循环中出现了生物化学毒素有关，他认为精神分裂症患者就是一个在醒觉的世界中的做梦者。1907 年他在《早发性痴呆心理学》中发表了他的观察，这就代表着"研究型精神病学家"已经成为他响亮的名头，使他更加熠熠生辉。

由于认识到他的实验发现为弗洛伊德的压抑理论提供了客观依据，荣格在 1906 年把他出版的一本书《字词联想研究》送给弗洛伊德。弗洛伊德热情的反馈促使荣格于 1907 年 3 月得以在维也纳与他会面。他们相处得如此愉快，以至于他们毫无间断地交谈了 13 个小时。毫无疑问，他们在智识上相互欣赏；他们之间的友谊之花盛开了，这份友谊在之后主要通过通信的方式保持下来，这种通信往来持续了将近 6 年。

弗洛伊德对荣格的活力、热情和投入精神印象深刻。他对荣格赞赏有加，认为他是"迄今加入自己这里来的最能干的助手"，并把他看作自己作为精神分析运动领导者的最有可能的接班人。虽然当他们见面时弗洛伊德只有 50 岁，但他却有点精神疑似病症，他有一种迷信的恐惧，认为自己只能再活 12 年。因此，在他眼中，保证有人能够接他的班是最优先考虑的事情，而且从表面看来，荣格是担任这个角色最出色的人选。他有一流的心智，是在欧洲最受推崇的医院工作的一位成功的精神病医生，而或许其中最主要的原因是，他不是维也纳人，也不是犹太人。弗洛伊德敏锐地觉察到反犹主义的危险，它与公众对他关于婴儿期性欲观点的厌恶结合在一起，可能导致大众对精神分析的普遍拒绝甚至干预压制；他希望有一个像荣格这样的瑞士基督教徒作为他的接班人，以此来让他的运动摆脱这种命运。

此外，荣格能够对精神分析理论和实践做出重大贡献。这不仅是因为他的字词联想实验为潜意识情结的存在和力量提供了不容怀疑的实证，而且在对精神分裂症患者的研究当中，他把精神分析的概念带入到弗洛伊德鞭长莫及的领域。因为弗洛伊德接受的是神经病学家的训练，几乎没有精神病学的经验，只是作为一名临时代理医生在一家精神病院工作过很短时间。再者，荣格对神话学和比较宗教的研究热情感染了弗洛伊德，尽管他们的研究存在潜在的灾难性后果，因为这两个人从这些研究中得出的结论是天差地别的。就荣格这方面而言，获得弗洛伊德的友谊既是一种职业的渴望，也是一种个人的渴望。这个年长的、更有经验的男人，是他的良师益友、一位杰出的同事，弗洛伊德代表着具有智识勇气的父亲形象，而这种勇气是他的亲生父亲，那位持怀疑态度的神学家所没有的，他们两个人都明白这一点。在他们第一次见面之后不久荣格写道："我享受您的友谊，不是作为两个同辈的人之间的友谊，而是父亲和儿子那样的友谊。"弗洛伊德在后来的一封回信中正式宣布荣格是他的"儿子和继承人"。实际上，弗洛伊德需要一个"儿子"和荣格需要一个"父亲"的愿望同样强烈。但是，弗洛伊德想要的是一个愿意无条件地遵从他的权威、毫无更改地使他所规定的教条和原则永久存在的儿子。对于荣格来说，他需要的是一个父亲形象，通过他的影响使自己能够克服青少年时期的疑虑，并发现自身男子汉的权威。虽然荣格因弗洛伊德的认可而满心欢喜，并为被弗洛伊德视为他的接班人而感到荣幸，但他知道，他不可能完全赞同弗洛伊德的观点。他也不可能把他的智识追求牺牲在一套教条上，那正是他父亲的所为。尽管如此，他还是默默接受了弗洛伊德的意愿，在国际精神分析学会于1910年成立时担任了第一任主席，并且成了第一个精神分析杂志《精神分析年鉴》的主编。

随着时间的流逝，荣格与弗洛伊德的分歧越来越难以掩饰。弗洛伊德有两个基本假设是他所难以接受的：（1）人类的动机全都是性欲的；（2）潜意识心灵完全是个人的，是个体所独有的。荣格发现，弗洛伊德思想的这些方面和其他某些方面都是还原论，太狭隘了。比起把精神能量（或者像弗洛伊德所称的力比多）看作完全性欲的，荣格更愿意认为它是一种更具普遍性的"生命力量",性欲只是其中的一种表达方式而已。再者,荣格相信,在弗洛伊德所假定的被压抑的愿望和创伤性记忆的个人潜意识之下,还有一层更深刻和更重要的东西,他打算称之为集体潜意识,它潜在地包含着人类全部的精神遗产。当他还是一个小孩子的时候,这一心灵的古老基础的存在就曾给他最初的暗示,当时他认识到,在他的梦中有一些东西来自他自身之外的某个地方。当他研究精神分裂症患者的妄想和幻想,并且发现它们包含着一些象征和意象,这些象征和意象在全世界的神话和童话故事中都曾出现过时,它的存在便得到了证实。他得出结论认为,一定存在着一个所有人都共有的精神的动力基础,每一个人就是在这个基础之上建构其个人生活经验的。但是,每当他试图向弗洛伊德表达这些观点时,这些观点却要么被归因于年轻没有经验,要么被视为在对他进行抵抗。"当你和我如此接近的时候,就不要偏离我太远,因为如果你这样做了,我们可能终有一天被相互离间,"弗洛伊德告诫他。他又补充说:"我的倾向是对待那些作出抵抗的同事就像我们在相同的情境下对待病人一样。"荣格对这种只得屈尊俯就的处境很是恼火,而由于这两个人的性格矛盾,最终他们之间不可避免地会发生争吵。

1911 年荣格的《力比多(意为性力、心力、本能冲动的

英语单词的音译）的转化和象征》第一部分的发表预示着他
与弗洛伊德之间矛盾爆发的到来。对此，荣格给弗洛伊德写
信说："鸡蛋要让自己比母鸡更聪明，这是一件很冒险的事。
尽管如此，鸡蛋里的东西仍然必须找到钻出来的勇气。"1912
年随着《力比多的转化和象征》第二部分的发表，争吵终于
爆发了。对此，在给弗洛伊德的一封信中，荣格引用了琐罗
亚斯德的一句话："如果一个人永远只是做一个学生，那是
他对老师糟糕的回报。"

　　在这本著作以及 1912 年 9 月在纽约所作的一系列讲座
中，荣格清楚地阐明了他离经叛道的看法，即力比多是一个
比弗洛伊德所认为的要大得多的概念，它能够以"具体化的"
形式在普遍的象征或"原始的意象"中出现，而这些象征或
意象在人类的神话中是显而易见的。荣格将注意力特别指向
英雄的神话，把他和怪物的战斗这个反复出现的主题解释为
青少年试图从母亲身边解脱出来的斗争。这把他引向了对俄
狄浦斯情结和乱伦禁忌的解释，而这些解释与弗洛伊德提出
的解释大相径庭。按照荣格的观点，一个孩子之所以对母亲
产生依恋，不是像弗洛伊德所认为的那样是乱伦激情的对象，
而是因为她是爱和关怀的提供者——这一观点开创了理论革
命的先河，大约 40 年后英国心理分析学家和精神病学家约
翰·鲍尔比才发动了这场革命。荣格进而认为，乱伦的禁忌

是原始的：它是先验地存在的，不是像弗洛伊德所坚持的那样，因父亲禁止男孩子贪求母亲而产生。俄狄浦斯情结的出现是乱伦禁忌的结果，而不是其原因。荣格还论证说，俄狄浦斯情结这一现象并不像弗洛伊德所宣称的那样普遍。

在把力比多重新界定为未分化的精神能量时，荣格的眼光超越了心理学，注意到了在物理学中存在的相似现象，特别是罗伯特·迈耶提出的能量转换理论。荣格论证说，和所有物理现象一样，所有的心理现象都是能量的表现形式，这给象征提供了其动力转换的力量。 这些观点的发表引起了他和弗洛伊德的严重不和，从而导致他们的友谊在 1913 年初正式终结。荣格辞去了国际精神分析学会主席和《精神分析年鉴》主编的职务，辞去了苏黎世大学的讲师职位，并且从精神分析运动中撤离出来。他再一次完全独自一人了。

荣格与弗洛伊德的友谊及其终止具有典型意义。对荣格来说，生命的目的就是为了实现自己的潜能，遵循自己对真理的感悟和追求，并成为一个本身完整的人。正如他后来所说，这就是个体化的目标。如果他想要对自己守信，他就不得不走自己的路：要他花费自己的一生在一个由两个人组成的乐队中充当副手，对他来说这是绝对不可能的。荣格与弗洛伊德的友谊、争吵，虽然让他深受困扰，但也让他进一步成熟。事实证明这是一段高度创造性的时期，荣格称之为他

"与潜意识的对抗"，这正是学术争论的意义所在。

# 荣格和他的女人们

1897 年，荣格与爱玛·劳申巴赫在一次商业聚会上结识并一见钟情。当时的爱玛只有 15 岁，荣格被爱玛的倾城美貌和优雅言行所吸引，爱玛也爱上了这个温文尔雅、才华横溢的翩翩公子。爱玛的父亲是一名非常成功的企业家，在瑞士有自己的国际钟表公司，爱玛自小便过着衣食无忧的生活。而荣格出生在普通家庭，家境与爱玛相比有很大的差距，所以爱玛的父亲并不能接受这个门不当户不对的亲事，只是爱玛一心要嫁给荣格，对父亲安排的与其他富家公子的相亲一概置之不理，爱玛父亲最终拗不过女儿便默许了他们在一起。

1903 年，荣格与爱玛正式结婚，婚后爱玛为荣格育有 4 女 1 子。最初他们住在伯格尔斯利的一间公寓里。后来在 1908 年，他们搬到了库斯纳赫特湖边自己设计和建造的一座漂亮的房子里，并在那里度过了余生。爱玛因从小生长在名门家族，不仅举止优雅，还颇具才华，并且一直支持荣格的事业，荣格后期与自己的老师弗洛伊德决裂后，辞去了当时的工作，事业跌到低谷，收入也不稳定，经济状况异常窘迫。妻子拿出了自己的财产帮助困境中的荣格，让荣格得以维持体面的资产阶级绅士形象，对此荣格非常感激自己的妻子。他一生都爱自己的妻子。

1910 年荣格开始帮助爱玛做心理分析，他希望通过妻子的配合可以认证一些自己在心理学方面的观点。他的老师弗洛伊德知道后劝告荣格不要这么做，告诉他如果持续下去，会逐渐破坏他们之间的关系，只是荣格对此不以为意。后来有一次爱玛与弗洛伊德在路上相遇，弗洛伊德给了爱玛同样的建议，爱玛深思熟虑后认同了弗洛伊德的观点，便不再让荣格帮助自己做心理分析，对此爱玛也一直心存感激。后来荣格与弗洛伊德的矛盾激化，二人不断争吵，爱玛经常从中调节，缓和二人的关系，只是最终没能成功。

荣格和爱玛虽然一直很相爱，但时间一长，二人会因为生活习惯和人生价值观的不同产生矛盾，感情开始进入冰冷期。荣格认为一个男人一生需要 2 个女人，一个女人是像爱玛这样为他生养儿女，照顾家庭；另一个女人则是跟他有共同的价值观，在精神世界上可以有共鸣，并能探讨一些学术上的问题。所以后来就有了荣格一再出轨的情况。

1904 年，一个犹太女孩萨比娜·施皮尔莱因由于精神状况失常被送到了荣格的诊所。在荣格的治疗下，萨比娜的病情开始稳定。但是，这个 18 岁的女孩发现自己爱上了荣格，尽管她知道荣格已经有了家庭，可是她控制不住自己的感情，由于生病期间荣格对萨比娜相当照顾，她很依赖荣格，并多次向荣格表达自己的爱慕之心。荣格一直只把她当作自己的病人，对她并没有其他方面的感情，再加上荣格也很爱自己的妻子，所以多次拒绝了这个少女的请求。当然，荣格认为萨比娜只是孩子心性，过一段时间便会冷静下来，开始后悔自己的一时冲动。但萨比娜并没有停止自己的疯狂行为，一个年轻漂亮的女孩日夜纠缠，让作为男人的荣格不可能无动于衷，荣格有时会冲动，不过他一直在抑制自己的想法。

荣格跟自己的朋友奥托·格罗斯谈论了这件事情，他的朋友帮他分析了他的感情，他并非一点也不爱萨比娜，只是一直以道德要求自己。一番谈话之后，荣格感慨颇多，也更坚定了自己一夫多妻的想法。后来荣格和萨比娜确立了关系，并合做了一首诗庆祝。荣格说，他是被萨比娜对生活的热情所打动，他们开始更频繁地见面约会，而这一切荣格的妻子爱玛并不知道。

当爱玛为已有 2 个女儿的荣格再度产下一个儿子时，荣格开始重新审视自己的感情，他觉得非常对不起妻子，除了对妻子感到愧疚之外，他还发现自己根本离不开爱玛。于是荣格给萨比娜写了一封信，信中要求结束二人的不正当关系，萨比娜收到信后非常伤心，她来到荣格的诊所告诉荣格，如果他不跟她在一起，她就结束自己的生命。荣格担心萨比娜的情绪再度不稳定，只得维持他们的关系。

纸终究包不住火，爱玛发现了荣格的这段婚外情，她大受打击，想要离婚，只是3个孩子尚且年幼，她不忍心让自己的孩子从此没有父亲，于是她给萨比娜的母亲寄了一封匿名信，告诉她，她的女儿跟自己的主治医师好上了，而且这个医生有自己的家庭，希望她可以阻止这段不正当关系的发展。萨比娜的母亲收到信后非常着急，她立即给荣格写了一封信询问事情的真实性，荣格回信时并没有否认这个事实，只是他指出自己并非利用职务之便占她女儿的便宜，而是萨比娜一再纠缠，同时他保证自己会尽快和萨比娜结束这段感情。

荣格约萨比娜出来，他告诉萨比娜自己从来都没有爱过她，希望以后不要再见面，说完之后便离开了。几周后萨比娜又来到荣格的诊所，她打了荣格一个耳光，而且拿着一把刀要割腕自杀。荣格伸手夺刀时，由于萨比娜的过度挣扎，小刀划伤了荣格的手臂，她的手上也沾满了血。当萨比娜反应过来时已经被荣格推出了屋外，她大声哭泣，不断敲着诊所的门，只是荣格一直没有理会，从此萨比娜不再来找荣格。

托尼·沃尔夫也是荣格的一个病人，她终身未嫁，是荣格的精神伴侣。她出生在一个贵族家庭。父亲一直在国外做生意，不仅赚取了大量财富，还吸收了国外先进的思想。托尼从小被父亲当作掌上明珠，和父亲感情非常深厚。1910 年托尼的父亲去世，给 22 岁的托尼造成了很大的打击，托尼的精神开始出现问题并且患上了抑郁症。由于病情的一再加重，托尼被送到了荣格的诊所接受治疗。在荣格的治疗和精心照料下，托尼开始恢复了正常，最终走了出来。

为了报答荣格，托尼主动提出要跟荣格学习心理学，荣格将自己的所学全部传授给了托尼，她也成了荣格最得力的助手。当然因为个人的经历不同，荣格与托尼在病人的心理分析上有很大的差别。荣格的分析偏向于理论依据，而托尼更加注重病人的实际情况。托尼后来成了分析心理学俱乐部主席，并担任这一职务长达 17 年之久。托尼还创作了书集《女性心灵的结构形式》，此书引起强烈的反响。荣格从托尼的身上仿佛看到了另一个自己，他经常跟托尼分享自己的梦境和自己的想象世界，她觉得托尼是他这一生应该爱的另一个女人。

1911 年，荣格带着托尼一起参加国际精神分析大会，这让爱玛非常不满。因为这件事她与荣格经常争吵，她要求荣格立刻结束这段感情，否则就跟他离婚。但荣格并没有答应爱玛，他觉得托尼对他来说已经是生命的一部分，不可或缺。

为了孩子能够拥有健全的家庭，为了稳住荣格的精神状态，爱玛只好忍气吞声，接受了他和托尼的婚外恋情。当然，这次的情感裂痕让荣格和爱玛都有了极大的心理创伤。

后来，托尼因心脏病突发而去世，这给荣格造成了相当大的打击。荣格的身体变得越来越差。悲伤的荣格用中文为托尼写了墓志铭："托尼，莲花，修女，神秘。"

荣格虽然有婚外情，但一直深爱并依赖夫人爱玛。当爱玛于1955年去世之后，荣格几乎是完全崩溃了，持续好长一段时间。在任何安慰与治疗都没有作用的时候，荣格的儿子为父亲找来"石头"，那是荣格治愈自己的特殊方式。荣格在一块纪念爱玛的石头上，用中文刻了这么几个字："你是我房屋的基石。"

# 04

## 荣格人格分析心理学

1944年初，68岁的荣格患上了心血管和肺栓塞，差一点病亡。当他躺在医院之际，他感受到了一种濒死的体验，他感到自己仿佛是在1000英里之外的太空看着地球。他感到自己正在与世界相分离，当医生把他的生命挽救回来时，他甚至有一种愤恨的感觉。尽管如此，他还是完全康复了，并投身于写作之中，在以后的 17 年里，他最主要的活动便是从事写作。这场疾病似乎又使他在从第 1 号人格向第 2 号人格的转变中前进了一个阶段。

这在他的两个梦中得到了证实。在第一个梦中，他看见一位呈莲花坐姿的瑜伽修行者正深陷于冥想之中。荣格意识到，这个瑜伽修行者长着一张和自己一样的脸，这把他惊醒了。他想到：他做了一个梦，而我就是那个梦。第二个梦发生在更久之后，在这个梦中，他体验到自己是一个未知的飞行物的投射，这个飞行物的形状像是一台老式的幻灯机。他由此理解，这些梦表明了潜意识是来自经验的人格的创造者，而自性以人的形象出现，为的是进入三维现实。

直到生命的最后时期荣格还在专心思考的重要主题是对立物之谜，它们的分离、它们的统一和它们的超越以及人类意识的宇宙意义。他产生过很多濒临死亡的预感，而给他留下深刻印象的是，潜意识对这件事并不感到大惊小怪。确实，在他看来，死亡本身似乎就是一个目标，是一件应该欢迎的事情。因此，在一个梦中，他看见了沐浴在光芒之中的"另一个波林根"，有一个声音告诉他，它是完满的，并做好了接收他的准备。直到他 86 岁时在一周内接连 2 次心脏病发作，并于 1961 年 6 月 6 日在库斯纳赫特平静地去世。

荣格虽然已经去世半个多世纪，但他创立的荣格人格分析心理学理论至今仍深有影响，很多观点都已经为人们所熟悉。例如：

——人格整体论

人格整体论是荣格分析心理学的核心理论。荣格认为，心灵是人的一切内容的全体，如思维、情感、行动等一切意识到的，一切潜意识的内容。人格的原始统一性和先在整体性，不仅在理论上追求心灵整体综合，而且在临床上要求恢复人格完整。因此，荣格分析心理学的方法论实质上是一种整体论。

——多种人格

荣格曾经将自己分成了两个人格——一号和二号。一号人格是表现在每天的日常生活中，此时的他就如同一般的小孩，上学念书、专心、认真学习；二号人格犹如大人一般，多疑、不轻易相信别人，并远离他人。

后来，他把自己早年的猜想理论化。例如，他把人格分为内倾型和外倾型两大类，还细分为情感、思维、直觉和感觉4个分属，这样就是8类人格。外倾型人呢？就是认知世界时，以外在客观事物为核心。这种人容易与外部世界和谐相处，但这种和谐有个限度，那就是止于迷失自我。因为外倾型人很容易忽略内在的自我。内倾型人呢？就是认知世界时，以内在的自我感受为核心，倾向于将内在的感觉和观念投射到外部环境中去。这种人呢，面临的最大难题是观念与现实的冲突。这种分类法影响很大，现在国际最流行的职业心理测评，就是在此基础上划分出 16 种人格。

荣格还认为，心灵或人格结构是由意识（自我）、个体潜意识（情结）和集体潜意识（原型）等三个层面所构成。荣格认为意识是心灵中很少一部分，具有选择性和淘汰性。正是出于自我才保证一个人人格的统一性、连续性和完整性。个体潜意识（情结），是一组组压抑的心理内容聚集在一起的情绪性观念群，它决定着我们的人格取向和发展动力。既可以成为人的调节机制中的障碍，也可以成为灵感和创造力的源泉。这种情结来自现在的超个体的共同的心理基础，也就是集体潜意识。集体潜意识是人格或心灵结构最底层的潜意识部分，包括世世代代活动方式和经验库存在人脑结构中的遗传痕迹。集体潜意识的内容是由全部本能和它相联系的原型所组成，可使个人的行动在类似的情境下与他祖先的行动相似。人们常说的艺术家的创作如有神助，就是原始意象起着一部分的作用。

——自我实现

荣格认为，个人的人格总是不断地向前发展的，个人、民族的历史经验对人格的形成是有影响的，但更重要的是人总是为未来的目标奋斗,从而达到人格各方面的和谐和完善,荣格把它称为自我实现。

荣格认为人格动力推动人格的发展。他认为心灵的能量来自外界或身体,但一旦外界能量转化为心灵的能量,就由心灵来决定其使用。心理能量是一种普遍的生命力,不是性本能。他借用物理学的能量守恒原则来解释心理,即能量在心理结构中可以转移,并且可以把某一结构的部分特征也转换过去。

心理学史家舒尔兹说:"荣格的观念能激发人们的思想,而且新颖,他提出了一种关于人的乐观主义的概念,这种概念在许多人认为是由于背离了弗洛伊德而有的、值得欢迎的变化。"

在心理学家斯托尔看来,荣格不能用更简明易懂的术语来表达自己的思想,人们很容易对他失去耐心,感到他那些神秘的偏见,他那种共时性的观点,还有充斥于他自传中的那些鬼神都让人特别难以接受。但是,他关于内倾与外倾人格的思想,关于心理有自我调节机制的设想,对个性化过程的描述,对于精神分裂可以通过象征性的方式治愈的信念,都具有极为深远的意义。

2009 年,英国赫特福特大学教授理查德·怀斯曼出版了一部题为《正能量》的著作。很快,"正能量"成了一个流行的热词。这个热词，显然可以在荣格有关能量的论述中找到痕迹。荣格学说的当下意义，由此可略见一斑。

# 交响乐巨子

——阿瑟·奥涅格

今天的 20 瑞士法郎纸币，正面是作曲家阿瑟·奥涅格肖像，背面图案包括：3 个小号活塞、1 辆美国制造的大功率蒸汽机车，还有乐谱以及钢琴键盘。

这张钞票，是为了纪念阿瑟·奥涅格及其代表作《太平洋 231 号》，因为这个作品的创作灵感来源于美国的一部蒸汽机车。

阿瑟·奥涅格（Arthur Honegger，1892—1955），瑞士作曲家，曾任联合国教科文组织音乐部主任、国际作曲家协会主席。自幼随母亲学钢琴。1909—1910 年在苏黎世音乐学院学习。1913 年起，奥涅格开始了他的音乐活动。除了 1914—1915 年在瑞士军队短期服役外，他基本上在巴黎从事音乐创作。1920 年，他与青年作曲家米约、奥里克泰耶菲尔、普朗克和迪雷等人组成音乐团体"六人团"。至第二次世界大战爆发前，他创作了不少清唱剧、歌剧、芭蕾舞剧、电影和广播剧音乐，在乐坛颇负盛名。其主要作品包括两部歌剧、五部交响曲、数部管弦乐等。

# *01*

# 音乐的启蒙师

阿瑟·奥涅格的父母均是瑞士人，但他出生在法国，绝大多数时间也是生活在法国。

他的母亲是一位钢琴师。有一次，由他母亲担任钢琴师的演奏会即将开始，就在准备入场的时候，负责伴奏的小提琴手因为突发状况离开，混乱中，阿瑟·奥涅格走过去，小心翼翼地问："妈妈，我可以担任你们的小提琴手吗？"母亲顶住压力和反对声，给了阿瑟·奥涅格这次机会。阿瑟·奥涅格成功地抓住这个机会，并赢得了经久不息的掌声。

流传下来的还有这样一个故事。在一个空闲的日子里，阿瑟·奥涅格妈妈的一位朋友来家里做客，这位朋友同样是位钢琴家，而在聊天的间隙，即兴在钢琴上弹奏了一段曲子，两人聊意甚浓时，都没有注意到小小的阿瑟·奥涅格一直静静地站在门外，入神地听着这段钢琴的演奏。谈话结束后，母亲的朋友礼貌地和他打招呼，然后认真地问他，在这里做什么。年幼的阿瑟·奥涅格回答道："阿姨，我在听您弹琴，您弹琴的声音真好听，您可以教我吗？"母亲的朋友听了笑了一下说："好，我下次过来的时候就把它教给你，好不好？"
阿瑟·奥涅格听到答复后，高兴地跳了起来，和母亲的朋友说：
"那就一言为定了！"令人惊讶的是，第二天母亲在洗碗的
时候，居然听到了他哼那首曲子的调子，开始的时候母亲不
敢相信，于是她走过去安静地站在小阿瑟·奥涅格身边听着
他哼曲子，她终于确定，是小阿瑟·奥涅格在哼唱昨天朋友
弹奏的曲子。母亲感到惊讶极了！阿瑟·奥涅格做到了许多
人无法做到的事情，他后来的人生成就就是最好的证明。

从 1909 年到 1910 年，阿瑟·奥涅格在苏黎世音乐学院
进行学习。他的天赋让他很快在求学的所有学生中崭露头角，
引起了院长 F. 黑加尔的注意。于是 F. 黑加尔答应为他写一
封推荐信，这样，凭借这封推荐信，他成功地进入巴黎音乐
学院并拜师于 L. 卡彼特、A. 戈达尔盖、Ch. 维多和 V. 丹第
等人的门下，并向他们学习小提琴、对位法、赋格与指挥等
知识。在这样专业的指导下，阿瑟·奥涅格在音乐方面有了
突飞猛进的进步。

在这期间，还发生了这样一个小故事。有一次举办一个舞
会，当时几乎邀请了许多知名的音乐家。阿瑟·奥涅格参加了
这次舞会。他在不经意中走到乐器的演奏区，演奏起小提琴曲。
他行云流水的演奏，引发人们的关注。"是他，一定是他！"
那个人说："一定是阿瑟·奥涅格，如果不是他，那一定是魔

法！"当众人看到他如痴如醉地演奏时，让大家喜出望外。

人生并不总是一帆风顺的，在阿瑟·奥涅格的身上，太多人给他贴上了天赋与幸运的标签。人们总是这样，不去看一个人背后的付出，却总是过于羡慕一个人表面的风光。在这样看似顺利的人身上，总是有很多不为人知的心酸苦辣。

有一次，阿瑟·奥涅格去拜访当时一位著名的音乐家，希望能得到在他门下学习的机会，可是这位音乐家并没有给他好脸色看。在这位音乐家眼中，他不过是上帝眷顾的一分子，他所得到的不过是上帝的额外恩赐，并不是依靠自己的能力与付出才有今天的地位和成就，所以他不配在他的门下学习。而对于阿瑟·奥涅格来说，他不愿意也不想因为遇到困难就放弃学习的机会，既然是自己想要的，那就应该不顾一切地去争取。在接下来的日子里，他每天都会定时去拜访这个音乐家，他的诚意打动了音乐家，表示愿意给阿瑟·奥涅格一个机会跟随自己学习。而事实证明，阿瑟·奥涅格完全没有让这位音乐家失望，他在音乐方面取得了巨大的成功。

这之后，从1913年开始，他正式开始进行他的音乐活动。1914—1915年，他服了两年兵役。

其后，他回到巴黎。在这个法国的浪漫都市，他充分地挥洒着他对音乐的热情，这样毫不掩饰的热爱，吸引了对于音乐同样执迷的其他音乐家。例如作曲家萨蒂、德彪西、拉威尔和斯特拉文斯基等人。可能是都对于音乐有着深深的渴望，他们很快就成了好朋友。这些经历更是让他成功的独傲于社会上层，与那些贵族平起平坐。

1920 年，他做出了一个大胆而疯狂的决定，或许正是这种年轻时的无畏，才使他在后来的音乐创作上敢于进行各种各样的尝试，留下了风格迥异的作品，吸引了截然不同的人群。他决定和青年作曲家米约、奥里克泰耶菲尔、普朗克和迪雷等人，共同组建一支属于他们并且能够代表他们风格的音乐团队"六人团"。他们创作自己的作品，写出属于自己的歌，尽管乐团的收益可能没有他们想象的那么乐观，但是那个时候他们对音乐的热爱，谁都不能够否定。

年轻永远是无所畏惧的理由，而对于当时的他来说，这个乐团承载了他所有的梦想，音乐是他毕生的追求。阿瑟·奥涅格，在那个属于他的青春里野蛮生长，而乐队的存在则无疑为他施展才华提供了一个合理的平台。

## 《大卫王》与其他

令奥涅格一举成名的是 1921 年他创作的《大卫王》。

大卫王（David King）是公元前 10 世纪以色列联合王国的第二任国王，在以色列所有古代的国王中，他被描述为最正义的国王，并且是一位优秀战士、音乐家和诗人。然而，功成名就之后，大卫王开始沉溺于安乐。他在派诸将四处征讨时，自己却在太阳平西时才从床上懒散地爬起。最后，他被憎恶他的儿子驱赶，和挚友生离死别，目睹自己的孩子生下便死去……

奥涅格创作的《大卫王》，表达的是对命运不公发出的感慨和愤怒。作品具有浓郁的东方风味，甚至可以称之为古风。当时的报刊称赞《大卫王》"对每一个人物采用适当的表现手法，在东方的赞美诗里融入基督教的圣诗"。

《大卫王》是为一座民众剧院所创作的，结构、和声、旋法等手法比较接近一般听众的审美口味。此外，这部作品具有清唱剧与歌剧的二重特征，音乐带有 18 世纪古典风格。

在《大卫王》中，奥涅格写下了一句句直到今天还回响在我们耳畔的句子：

"如果你有信念，那么总有一天它会变成现实，信念将会变成一种力量，给予你面对困难迎难而上的勇气。"

"不要去苦苦哀求，要学会依靠自己去争取。一个人不可能永远活在别人的施舍里。如果能够明白这个道理，那么人生的旅途中必定会有所收获。"

"如果你有 10 倍的痛苦，即使我的痛苦是你的 10 倍，那么我也可以保护你。即使拥抱你有可能给我带来痛苦，那么对于你的爱也将让我变得勇敢，我依然可以忍受更多的痛苦来拥抱你。"

"无论那个我们想要抵达的目的地是多么遥远，我都愿意一直陪着你。在这路途中，哪怕遍布荆棘，哪怕泥泞坎坷，这些都不能够成为阻挡我爱你的借口。如果在我的面前，有千山万水在阻挡我的前进，那么我将会把这些阻碍统统驱赶，然后站在你的面前，爱你。"

"如果有一个池子里全部都是烧开的油，那我也不会害怕，我会毫不犹豫地跳进去把它喝干，继续前进，直到可以爱到你。"

这些句子不只是在当时成为激励阿瑟·奥涅格前进的精神力量，更是在后人心目中留下了一个英雄在面对时代的不公发出的最强音。

奥涅格的另一部代表作是《太平洋 231 号》。这是一部管弦乐曲，是奥涅格的交响三部曲《交响乐章》中的第一部，1923 年创作，1924 年在巴黎首演。

这个作品的创作灵感来源于美国的一部大马力的重型机车，因其每边共有以 2+3+1 组合而成的六个车轮而得名。这种机车重 300 吨，时速 120 英里（193 千米），当时雄冠欧洲。

艺术家通常不喜欢乃至厌恶工业化成果，奥涅格却特别喜爱蒸汽机车，他曾说过："我始终热爱火车头，对我来说，火车头简直是有生命的。《太平洋231号》中，我所要表现的并不是对火车噪音的简单模仿，而是想把我所看到的一种印象和感受到的喜悦，用音乐的手段表现出来。"《太平洋231号》的基本构思是：机车在待发前平静地喘着气，然后用力启动，运行中逐渐加快速度，最后以时速120英里向前驰进。

《太平洋231号》之所以被列为经典，除了其艺术成就外，或许是因为它深刻地体现出了一位真正的艺术家对于机械时代的感怀。机械化虽然有很多副作用，但它代表的是文明时代的到来，这些机械给人类带来生活的便利，还推动着时代的车轮滚滚前进。把自己的国家建设成"世界花园"，同时又在科学技术与文化艺术上都取得了卓越成就的瑞士人把《太平洋231号》作为奥涅格最主要的代表作，对深受科技与人文的矛盾所苦的人们，是一种很好的启示。

1935年8月30日，奥涅格的传奇清唱剧《火刑堆上的圣女贞德》完成了，此剧是根据克罗德尔的脚本创作的。这是20世纪的一部杰作，于1938年5月10日在瑞士巴塞尔以演奏会方式首演。

圣女贞德是反侵略的民族英雄，在第二次世界大战爆发前夕创作《火刑堆上的圣女贞德》这部艺术作品，其反法西斯侵略的意义是十分明显的。在艺术上，这部带宗教剧形式的清唱剧，并非按故事顺序推进，而是选取一些场面，似音画般展开，以火刑台上的贞德的回忆方式进行，时间变化自由而无规则，之间由贞德与修士多米尼克的朗诵连缀，还加入了假面表演，合唱占据重要地位。作品规模宏大，用了5个朗诵声部、5个独唱、大型合唱队、童声合唱和大型乐队，交织起多种音响织体。音乐中运用了中世纪民间旋律和格里高利圣咏以及风俗性舞曲等材料，与奥涅格个性化的节奏、力度处理相混合，造成浓郁的历史氛围和强烈的戏剧动力。

如此等等，在第二次世界大战爆发之前，清唱剧、歌剧、芭蕾舞剧、电影和广播剧音乐等广泛的题材都可以在他的作品中找到痕迹，这些作品涉及范围广，而且立意特别深刻，能够迅速打动人心。这些作品在很短的时间内得到了广泛认可，让他在当时的音乐界树立了不可动摇的地位。

# 03
# 联合国音乐部主任、国际作曲家协会主席

第二次世界大战终于宣告结束，阿瑟·奥涅格的声望达到顶峰。

1946 年，作为优秀的音乐家，法国政府决定授予他科学院院士荣誉。至此，他已经成为一个国家名片的一部分。所以在后来的钱币和邮票上看到他时，我们或许不必有太多的惊讶，因为在那个时候，就已经为他后来的成功埋下了深深的伏笔。而且不仅仅是他的国家认可他的才华，在国际上，他担任过联合国教科文组织的音乐部主任和国际作曲家协会主席。

一个伟大人物的爱情故事，总是很容易成为人们关注的焦点。在这么伟大的人物身边的自然不是寻常的女子。作为乐坛数一数二的才子，他的眼中，自然是只能够容得下优秀的女子，出生在贵族的家庭，加上良好的修养，这些都成安德里·沃拉伯格在阿瑟·奥涅格眼中的加分项，更让人觉得惊叹的是，她在钢琴方面也有很深的造诣。音乐上的共同语言使两个年轻人很快就开始了交往，他们不断合作音乐作品，在这样的磨合中寻求精神上的共鸣。然而，当时安德里·沃拉伯格的父亲并不是很同意他们的婚事，尽管阿瑟·奥涅格当时已经在音乐上有了很高的成就，可是在老人的眼中，他不是一个合格的女婿人选。最后，阿瑟·奥涅格只好把用于追求音乐的热情放在了讨好老丈人欢心上，最终成功抱得美人归。

1947 年，奥涅格和他的妻子与搭档钢琴家安德里·沃拉伯格前往美洲，计划在那里举办音乐会和演讲会。可是刚刚到达那里，阿瑟·奥涅格的心绞痛就犯了，可能是因为水土不服，也可能是因为长期的劳累奔波，又或许是因为在路途的时间过长，这些因素都是潜在的，却随时都有可能爆发出来。这些因素在很大程度上是他病倒的原因。面对身体的警报，他们最后还是决定取消原定的计划。这虽然给了他暂时休养身体的机会，可是对于已经做好了各种打算的他来说，在这之后的日子里再也没有实现的机会了。

1955 年 11 月 27 日，阿瑟·奥涅格在巴黎去世，结束了他 63 年的人生，永远地告别了这个世界。1971 年，阿瑟·奥涅格遗孀出资，在世界上成立了"奥涅格作曲奖"，用这个奖项来纪念他。

奥涅格一生创作了近 200 部作品，主要有交响曲 5 部、交响乐章 3 部、歌剧 6 部、清唱剧《大卫王》《火刑堆上的贞德》。此外，他还创作了大量的芭蕾舞音乐、喜剧配乐、电影音乐以及室内乐、声乐作品。

很多艺术家都留下了大量的作品，阿瑟·奥涅格做到了真正意义上的与众不同。在他的世界里，万事万物都可以成为他进行艺术创作的灵感。所以，当这样的一种追求体现在他的作品上的时候，表现出来的就是作品的题材涉及范围极广，他的作品得到了各个方面人的广泛认可。不同的人在他的作品里可以看到不一样的世界，这或许也是他的艺术作品的魅力所在。

伟大的作品往往来自多方面的学习，而对于阿瑟·奥涅格而言，广博的学识无疑为他带来了开阔的视野，格里戈里圣咏、基督赞美诗以及爵士乐和十二音技巧（但排斥无调性）等从古到今不同的技法都被他熟练地运用。瓦格纳、施特劳斯和斯特拉文斯基的作品也对他产生了不同程度的影响，而在此基础上，加上自己的思考，他开始逐渐形成自己的艺术特点。体现在20世纪20年代的作品上，可能就是乐曲的节奏格外强烈，给人的感觉不追求协调，让人觉得严峻。而在调子的处理上，则延续了他一贯的自由风格。

欧洲的现代舞台所包含的作品里，他占据了重要的地位。他的5部交响曲、3部弦乐四重奏和歌剧《安提戈涅》《犹滴》《昂费翁》、管弦乐《橄榄球》等作品放在今天，依然毫不过时，是现代舞台剧的经典。

在文学方面，他是一个具有诗人品格的作曲家，流传下来的作品有《守旧者的絮语》和《我是一个作曲家》。这成为后来很多人争相学习的经典。

音乐是一种现代化的语言，它不需要我们去看，去触摸，去闻。它们只需要我们去仔细地倾听，去深深地感受，当然这只是站在一个赏析者的角度判断的。而对于作曲家来说，或许音乐只是那些穿越在五线谱上的精灵，对于失眠的人来说，音乐就是舒缓的曲调，让人舒心地沉沦，安静地入睡。音乐是一种真正的语言，音符可以创造出美妙的旋律，而文字的奇妙在于它能表达出一首歌的心境和意义。

奥涅格是瑞士人，但他在瑞士生活的时间并不长。当他被人问到瑞士对他的作曲发展起到了什么作用时，他这么回答："毫无疑问是新教传统，天真的诚实感与圣经知识。"

瑞士人很珍惜他们的同胞中有这样一位杰出的音乐家。目前瑞士使用的六种面额瑞士法郎纸币，正面是瑞士文化界的六位知名人士肖像，肖像画占整个票面的一半，背面是代表他们成就的若干个合成的图案。奥涅格是这六位名人中的一位，其肖像与代表性成就印在 20 元瑞士法郎纸币上。

另外，阿瑟·奥涅格还是瑞士邮票上的人物，这一切都说明他是值得这个国家永远记住的人。

阿瑟·奥涅格为人们留下的，远远不止人们知道的这些。他的存在带给那个时代的震撼以及为后世留下的珍宝，让人们得以在今天都能够听到和领略到它给这个世界带来的震撼人心的旋律和文采。

# "怪诞" 先生

## ——弗里德里希·迪伦马特

. . .

. . .

. . .

美与丑

喜剧性与悲剧性

可怕与可笑

寻常与离奇

幻想与真实

崇高与卑琐

不过如此


——弗里德里希·迪伦马特


　　弗里德里希·迪伦马特（Friedrich Dürrenmatt，1921—1990），瑞士作家、剧作家。曾就读于苏黎世大学和伯尔尼大学，创作有《立此存照》《罗慕路斯大帝》《老妇还乡》《物理学家》等戏剧，此外还有小说《隧道》《法官与刽子手》《抛锚》《诺言》等作品。在1956年创作的《老妇还乡》中，他运用其最独特的"悲喜剧"写作手法揭露了金钱万能的社会现象，引起热烈反响，轰动了国际影剧界。1962年问世的《物理学家》，更是进一步奠定了迪伦马特在西方文坛的地位。他先后获德国席勒奖、瑞士伯尔尼市文学奖、意大利广播剧大奖等。

# *01*

## 他来，他去

瑞士是一个著名的和平国度，但 20 世纪 20 年代的科诺尔丰根并不是一个和平的地区。

科诺尔丰根是伯尔尼州的一个小城镇，是一个牧民居住区。这里的牧民生活并不是那么的如意，因为伯尔尼州的科诺尔丰根牧师和神父之间的斗争始终非常激烈。

牧师是基督教中的神职人员，而神父是天主教的宗教领袖，牧师可以结婚，而神父必须终生都要独身。长期以来，牧民和牧师的关系在科诺尔丰根保持得很好。牧师在《圣经》中同时也有着牧羊人之意，圣经中指明牧师作为一种职业，专职在基督教新教的教会中负责带领和照顾其他基督教的人，然而就是因为这个，牧师和神父之间的冲突不断加剧，最后导致危及生命事件的出现。

生活在科诺尔丰根的牧民，一半信奉基督教，一半信奉天主教。由于信奉基督教的牧民长期会收到牧师的保佑和赐福，因此他们的生活一直安稳自在。而信奉天主教的牧民总是遭受新一批天主教神父的恶意勒索，开始心生抱怨和不满，纷纷抛弃天主教，投向基督教的怀抱。伯尔尼州的科诺尔丰根基督教代表萨摩斯耶·托尔打开教堂大门，欢迎进来祷告的新基督教徒。而伯尔尼州的科诺尔丰根的天主教神父代表欧萨斯·布鲁基尔，发现天主教教堂内人数不断减少而基督教教徒的人数不断增加的时候，很是愤怒，他猜测是基督教代表萨摩斯耶·托尔有意而为，便带领着伯尔尼州的科诺尔丰根的所有的天主教神父前往伯尔尼州的科诺尔丰根的基督教的教堂和萨摩斯耶·托尔进行理论。

"许久不见，托尔牧师，你可以给我一个正当的理由吗？"欧萨斯·布鲁基尔一脸不满地问道。

"理由？噢，不，我不喜欢编借口，你看到的就是你想要的答复。"萨摩斯耶·托尔平静地答复，一点也没有退让的意思。

"或许你在基督教的教堂里进行虔诚的祷告，上帝会给你满意答复。"站在一旁正是弗里德里希·迪伦马特的父亲阿达斯列·迪伦马特，他完全没有意识到，他的这么一句插话会给自己引来杀身之祸。

欧萨斯·布鲁基尔没有再说一句话，瞪了他一眼，悄然朝身后打了手势，便头也不回地离开，留下一阵教服荡过后的微风，还有死亡的气息。

1921 年 1 月 5 日，在基督教和天主教冲突事件过去后

6天的时间里，什么也没有发生，牧民不禁感叹似乎有点平静过头了。而这一天，正是弗里德里希·迪伦马特出生的日子。产房里不时传出阿达斯列·迪伦马特的妻子莉萨·布伦娜分娩时剧痛的呼喊，当头绑红带的妇女把刚出生的弗里德里希·迪伦马特递到莉萨·布伦娜怀里的时候，外面刮起了一阵冷风，窗外乌云密布，雨伴随着乌鸦的惨叫下个不停。面对着这样的情形，头绑红带的妇女恐惧地离开了。而阿达斯列·迪伦马特似乎也预感到了什么。

第二天早晨，阿达斯列·迪伦马特从床上起来，离开莉萨·布伦娜的身边走出房间。半个小时后下床的莉萨·布伦娜亲切地呼唤自己的丈夫："亲爱的阿达斯列，你可以过来一下吗？给我们的孩子起个名字。"

"阿达斯列？你在吗？"

"阿达斯列，如果你在，可以回应我吗？"

莉萨·布伦娜没有再继续叫喊，她走出房门，嗅到了鲜血的味道，来到屋外，只见地上用鲜血写着："你的上帝让你去找他！"莉萨·布伦娜心里一阵冷意，窗边躺着她心爱的丈夫，一把长匕首刺穿头额，一条深深的刀痕从胸口一直蔓延到心脏，他一动也不动，眼睛睁着，嘴巴张着，眼球却早已错位，而嘴里流出来的血和身上流出的血连在一块。阿达斯列·迪伦马特躺在血泊中。莉萨·布伦娜惨叫一声"阿达斯列……"后，便晕倒在地上，一片寂然，只有熟睡中的弗里德里希·迪伦马特在屋里发出微微的呼吸声。

知道这一切发生缘由的莉萨·布伦娜却无能为力，因为她仅仅是普通牧民家庭的养女，而养女出嫁后便再也无法回到原来的家中。抱着阿达斯列·迪伦马特的遗体，莉萨·布伦娜泣不成声。这时她看到了在一张纸片上写下的孩子的名字"弗里德里希·迪伦马特"，弗里德里希在科诺尔丰根寓意着顽强。

"弗里德里希·迪伦马特，我亲爱的孩子，妈妈希望你以后会是个顽强的孩子，离开这里，去做自己……"而弗里德里希·迪伦马特依旧熟睡。

时间一转眼过去了 15 年，弗里德里希·迪伦马特已经15 岁了。

在这 15 年间，没有任何谋生技能的母亲莉萨·布伦娜，没有任何的亲戚朋友可以依靠，只能依靠自己。什么都不会的莉萨·布伦娜，学会了养羊，也只会养羊。坏事情偶尔发生，这样几个来回，家里除了遗存的书架就再也没有别的像样的东西。

弗里德里希·迪伦马特哪儿也没有去，他没有任何的朋友，父亲阿达斯列·迪伦马特留给他的只有一间不错的书房和许多的书籍。在每天的生活里，母亲莉萨·布伦娜忙活于家务和养羊，而他除了吃饭和睡觉，一直躲在书房里阅读各种的书籍。

有一天，弗里德里希·迪伦马特看见书中描述的自由的校园生活，他很好奇，于是在晚饭后问他的母亲。

"亲爱的母亲，书里写着15岁的孩子应该在学校里念书，学校是个什么地方，我每天看书的地方叫作学校吗？"

"噢，不，我的孩子，你每天念书看书的地方是你父亲留给你的，那是他的书房，并不是学校。"

"那我为什么不是在学校里念书看书，而是在爸爸的书房里看书。"

"我……不知道。"

"亲爱的妈妈，书里写着，学校里面可以认识到很多朋友，会很开心，我很想去，我可以去吗？"

"我的孩子，不可以。"

"为什么？母亲，我真的很想去，让我去好吗？"

"不可以，我的孩子，别问为什么？"

"妈妈！妈妈！妈妈！"

无论弗里德里希·迪伦马特怎么苦苦哀求，怎么强烈地表达他的意愿，母亲莉萨·布伦娜就是不愿答应，仅仅留下一个转身离开后的背影。因为莉萨·布伦娜知道，无论弗里德里希·迪伦马特多么想去他都不能去，回想起15年前阿达斯列·迪伦马特死去时的惨状，天主教代表欧萨斯·布鲁基尔是不会放过丈夫阿达斯列·迪伦马特的子嗣的，这15年间，弗里德里希·迪伦马特未曾踏出家门一步。

就在迪伦马特16岁时，伯尔尼州的科诺尔丰根的基督教牧师代表萨摩斯耶·托尔被杀害，一时间没有人敢接上他的位置，因为都惧怕伯尔尼州的科诺尔丰根的天主教神父代表欧萨斯·布鲁基尔。在这种背景下，不愿意信奉天主教的牧民们被赶出科诺尔丰根。

弗里德里希·迪伦马特和他的母亲在一天夜里偷偷出走，来到了临近的小镇阿威西小镇。在这个破破烂烂的小镇里，母子二人寻得一间无人的空空的茅草房，在这里过起了吃了上顿没下顿的生活。没办法养羊，母亲莉萨·布伦娜只好去有钱人家里做苦活维持生计。而只要欧萨斯·布鲁基尔存在一天，母亲莉萨·布伦娜就不允许儿子弗里德里希·迪伦马特踏出家门一步。

但是，弗里德里希·迪伦马特再也无法忍受这种类似囚犯的生活，在一天夜里，趁着劳累后的母亲睡着，他独自一人离开了阿威西小镇，那天夜里下起了漫天大雪，似乎在暗示着什么……

# *02*

## "怪诞先生"

弗里德里希·迪伦马特离开了伯尔尼州的科诺尔丰根，偷偷搭乘农夫的马车来到了伯尔尼州的另一个城市哈达威市。

这座城市的市长是一位不务正业的官二代，每天除了吃喝玩乐什么也不做。尽管市民对他很不满意，但不敢有任何反抗的举动，因为市长的父亲是前伯尔尼州军队的总司令，反抗就是死亡。

弗里德里希·迪伦马特来到这个城市的当天，市长托利夫·亚当二世正在对全市的市民呼吁道："因为有我，上帝眷顾着所有哈达威市的人们，因为有我，你们过着安乐的生活，虽然我什么也没做，但是就是因！为！有！我！对吗？"

下面的人群一片寂然，都在悄悄抱怨这个市长什么也不做。

"人呢？声音在哪里？对不对？"

眼看这位市长暴跳如雷，人群中的弗里德里希·迪伦马特耳边传过不同的抱怨内容，而他却用雷鸣般的嗓音说了一个"对"。接着数以万千的人识趣地跟着说"对"。一时间，整个哈达威市被如雷贯耳的声音覆盖。

这时的弗里德里希·迪伦马特却又在人群中捣乱，大声呼喊着"狗娘养的市长，看在上帝的份儿上，你只有下台才能让我们满意！"而这句喊话淹没在人群嘈杂的喊叫声中，无法被市长听到。弗里德里希·迪伦马特低着头边说边跑开了，人群中也不时传出抱怨声，而且声音越来越大，终于被市长听到了！这位市长恼羞成怒，却无法捉拿到最先抱怨的人，便命手下随便抓上两个人枪毙示众。

当弗里德里希·迪伦马特正哼着歌偷偷自乐走过街角的时候，猛地一下被拉进了过道里，还被捂住了眼睛……

弗里德里希·迪伦马特使劲甩开一看，拉他的竟然是一位女人。"女士，你为什么要拉我？"

"报告市长！刚刚是他……"

弗里德里希·迪伦马特一把捂住女人嘴巴："嘘嘘嘘！！！"

然而这个女人并没有想要揭发弗里德里希·迪伦马特的意思，只是指着弗里德里希·迪伦马特说："嘿，你真奇怪，不过很大胆！你不用担心，我不会揭发你的，我也对这个市长厌恶至极，我叫伊丽萨·娜美。"

"你好，我是弗里德里希·迪伦马特。我只是特别讨厌这种政治漠然，还以为自己的无所作为促进了城市发展的人。"

"但是你知道刚刚有几个人因为你而死掉了吗？"

"什么？我不知道，上帝啊！"

"好了，已经死了，或许死了也总比在这里生活更好！"

接下来的几天里，伊丽萨·娜美邀请弗里德里希·迪伦马特到她家里，给弗里德里希·迪伦马特讲述了这个城市的过往，还有她的爸妈。对话中，弗里德里希·迪伦马特得知伊丽萨·娜美的爸妈都是死于莫须有的罪名。弗里德里希·迪伦马特紧紧地抱住了伊丽萨·娜美。

"嘿，我可以叫你怪诞先生吗？"

"为什么？"

"虽然你那天的行为很怪异无稽，荒唐甚至离奇，但是我觉得你是个好人，上帝的诞生带给了人类幸福，我相信你的诞生、你的到来一定意义非凡。"

"我并不介意，你是我 17 岁以来认识的第一个人。"

"噢，你果然真怪，怪诞先生。"

弗里德里希·迪伦马特在伊丽萨·娜美家里度过了不到一个星期的时间便道别离开。

离开前，弗里德里希·迪伦马特留下了一行字："亲爱的伊丽萨·娜美，好运一直在你身边，愿上帝眷顾你，怪诞先生要继续开始荒诞的旅程了。"

# 03

## 堤哈镇的慈祥女人

离开哈达威市之后，弗里德里希·迪伦马特沿着罗纳尔河一直走，来到了另外一个陌生的小镇——堤哈镇，而这座小镇有着一座允许任何岁数的人进入学习知识的小屋子，传授知识的是一名看起来很慈祥的女牧师。当从 15 岁起就一直向往校园的弗里德里希·迪伦马特知道这一件事情的时候，他便第一时间端坐在小屋子的第一排。然而，从哈达威市一路步行到堤哈镇一共花费了弗里德里希·迪伦马特近乎两天的时间，两天的时间里，除了离开时身上带的几块饼干和一壶水外，他没有任何别的食物。因所带的食物并不多，在离开哈达威市的第一天中午就已经被他吃完，接下来的一天半时间里，他饿了就抓起几片树叶放进嘴巴里咀嚼，渴了就走到罗纳尔河边喝几口泛黄的河水。

散发着怪味儿的河水，还有苦涩的树叶，并不能填饱弗里德里希·迪伦马特的肚子，毕竟他现在已经长到了 6 尺 7，是一个身形微胖的成年人。对于即将到来的学校生活，即便他多么兴奋，也顶不住饥饿的折磨，最终在女牧师开讲不到半个小时后，他便昏昏沉沉地倒在地上，这一天的课程也就因此而终止了。

慈祥的女牧师不仅美丽而且善良。在弗里德里希·迪伦马特昏倒的第一时间内，她和几名在场听课的学生一起把弗里德里希·迪伦马特抬回了她的家里。女牧师家里空荡荡的，除了时而传来的羊发出的咩咩叫声，就只剩下弗里德里希·迪伦马特昏厥在女牧师大床上的呼吸声。

女牧师给弗里德里希·迪伦马特脱去厚重的外套和他的鞋子，给他盖上被子，小心翼翼地不想打扰到他，就离开了房间。半个小时后，昏厥中的弗里德里希·迪伦马特似乎闻到一股饭香味。因为饥饿的缘故，味觉似乎更加敏锐，远远飘来的饭香也被无限拉近。弗里德里希·迪伦马特睁开双眼，从床上起来，光着脚丫子步履蹒跚地向饭香飘来的地方走去。

到厨房门前时他一步不小心踢到了门口的空铁罐子，女牧师回头一看，慈祥地微笑着，说："你醒了，你感觉如何？"

小伙子弗里德里希·迪伦马特一脸尴尬，"还好，但是我怎么会来到这里？"

"你晕倒在我的课堂上。"

"噢，女士，我很抱歉给你带来了麻烦。"

"没关系，我不介意，过来尝尝我刚刚煮好的羊肉汤。"

饥饿感刺激着弗里德里希·迪伦马特的每一寸神经，他疾步走到煮汤的锅炉前，舀上一勺子热汤就往嘴巴里灌，结果全喷了出来，整个嘴巴瞬间被烫得红肿发胀。

"嘿，年轻小伙，慢点吃，都是你的。"

"我……"

嘴巴火烧般疼痛，弗里德里希·迪伦马特说不出一句完整的话。

"哈哈，来。"

女牧师拿起身旁的黄油替弗里德里希·迪伦马特涂抹嘴唇。

隔着黄油，女牧师的手指轻轻地在弗里德里希·迪伦马特的嘴唇上温柔漫过，他看到女牧师纤细的手指和如牛奶般柔滑的肌肤。一瞬间，弗里德里希·迪伦马特的脸完全红起来，和嘴唇一样的颜色。弗里德里希·迪伦马特双眼呆滞，完全沉醉于这温暖之中。

弗里德里希·迪伦马特久久地回味着刚刚发生的一幕，似乎已经忘记了饥饿。

"嘿，小伙子，你难道不给你的救命恩人介绍一下自己吗？"

弗里德里希·迪伦马特依旧沉醉于刚才女牧师温柔地用黄油给他涂抹嘴唇的感觉当中。

"小伙子？小伙子？小伙子？"

"哦哦哦，是，女士，怎么了？"弗里德里希·迪伦马特突然反应过来，接着问："女士，你刚刚问什么来着？"

"介绍你自己。"

"好，我是弗里德里希·迪伦马特，很高兴认识你，我来自伯尔尼州的科诺尔丰根，我的父亲也是牧师，但是在我出生那年去世了，我离开我的母亲独自生活"

"我很抱歉让你提起你父亲的死，对不起。"

"都过去了。"弗里德里希·迪伦马特平静地回答。

"很好，到我了，很高兴认识你，我的名字叫 D. 丽娜·弗迪，我是堤哈镇的女牧师，也是小屋子的导师，我代表堤哈镇的所有人欢迎你的到来。"

随后，弗里德里希·迪伦马特和 D. 丽娜·弗迪开始了一段很长的交谈，他们交谈的绝大部分内容与学校和学习有关。当听到弗里德里希·迪伦马特说到他是因为想要求学而离开自己的母亲到外面流浪的时候，女牧师不禁惊讶："上帝啊，你真是个奇怪的孩子，没有谁会因为爱好学习离开自己的母亲。"

"是呀，我的第一个朋友……也是这么描述我的，她叫我……怪诞先生……"

离开哈达威市不到一个星期的时间内，弗里德里希·迪伦马特对伊丽萨·娜美甚是想念，每天夜里他都会一个人平躺在寂静的草地上望着一望无际的星空，偶尔双眼凝视夜空中最亮的那颗星星，心里想着："亲爱的伊丽萨·娜美，你知道我在想念你吗？愿这颗最闪亮的星星能够传达我对你的思念。"

接下来的 5 年时间里，D.丽娜·弗迪收留了只身一人却热爱学习的弗里德里希·迪伦马特，每天弗里德里希·迪伦马特都和女牧师一起生活，准时一起出现在小屋子里。弗里德里希·迪伦马特每天都很认真地听讲，而 D.丽娜·弗迪也把他当作自己的孩子一样对待。

5 年后的某天，堤哈镇收到了来自苏黎世大学的一个学习名额，而决定权就掌握在 D.丽娜·弗迪——堤哈镇唯一一位讲师的手里。那天夜里，D.丽娜·弗迪叫来了弗里德里希·迪伦马特。

"亲爱的孩子，5 年的时间过去了，5 年内我看到你是一个热爱学习的孩子，你也不小了，我想要送你到更加好的、离这儿更加遥远的地方去学习，希望你能在那里收获更多的知识，丰富自己的见识。"

弗里德里希·迪伦马特神情呆滞，"为什么？我不想离开这里，我还有很多的东西想要和你学习，我还没有好好感激和报答你的照顾。"

"孩子，去吧，如果你想好好报答我，就答应我去那里好好努力。"

尽管弗里德里希·迪伦马特很不舍 D. 丽娜·弗迪，第二天他还是坐上了去往苏黎世大学的马车。临行前，他双眼含着泪水："亲爱的丽娜，我会回来的，回来好好照顾你，相信我。"

就这样，弗里德里希·迪伦马特离开了堤哈镇，离开了 D. 丽娜·弗迪。

1942 年伊始，21 岁的弗里德里希·迪伦马特在苏黎世大学开始了他的大学生活，他每天除了吃饭睡觉学习没有再多的时间和金钱去做别的事情，他一心学习。而且，他所有的钱都是 D. 丽娜·弗迪的积蓄，一个女牧师几乎一生少之又少的积蓄。每天弗里德里希·迪伦马特都在学习哲学和德国语言文学。他仅仅用了两个月的时间便熟悉了德国的语言文学，再后来的两个月时间里，他专研哲学，而且可以把哲学深入浅出地传授给别的人。

在这段默默学习的时间之余，弗里德里希·迪伦马特还看到了很多别的事情，他开始能够用自己的理解和认识去看待这些事情的因果关系，慢慢地变成了一个成熟稳重的男人。

在苏黎世大学里，弗里德里希·迪伦马特学到了、看到了在小城镇所没有的东西，但是他始终不满足这里的一切。在他眼中，看到的是这些：一座学校里仍然存在贫富差距，富家人的孩子在这里每天都挥霍金钱和时间，而很多贫穷人的孩子来到这里却没有坚持自己最初的追求，和富家子弟一起吃喝玩乐，染上了很多恶习。20 世纪前期的瑞士大学还是官场的世界，苏黎世大学里占据大多数的还是富家人的孩子，这种情况的长期存在使得整个苏黎世大学的学风变得很差。弗里德里希·迪伦马特再也无法忍受这样的环境，于是潜心专研更为深层次的语言文学。

一年后，弗里德里希·迪伦马特通过一次苏黎世大学举办的公考，取得全校第一的优异成绩。凭借这个成绩，他递交了一份到伯尔尼大学学习的申请。最终申请成功，他离开了苏黎世大学，到伯尔尼大学继续他的学业。由于学习成绩优异，苏黎世大学一直苦苦挽留他，无论给予他什么样的优厚条件，他都不为之所动。

苏黎世大学是世界一流的大学，而伯尔尼大学当时只是一个普通的二流大学。整个苏黎世大学的学生和老师都对他的离开议论纷纷。到处听到的都是"弗里德里希是傻子吧？""弗里德里希真奇怪，这么难得的机会来到苏黎世大学却要选择离开。""弗里德里希真是个怪人。""这么烂的学校都要去？弗里德里希真怪！！！"

在去位于家乡伯尔尼的伯尔尼大学的路途中，他想起了自己在阿威西小镇的老母亲。当他走到曾经和母亲短暂生活过的小屋时，那儿并没有人的气息，一片荒凉。经过一番打听，一位老奶奶说，"很多年前，这个可怜的女人来到这里，而不久之后，一天夜里她的孩子不见了，她无法承受这样的打击，一个人失魂落魄地朝罗纳尔河走去，渐渐消失在河里……"话音刚落，弗里德里希·迪伦马特的嘴唇颤抖，转身离开。一个人在罗纳尔河边静静坐着，对着河面自言自语。

"亲爱的母亲，你和父亲在天堂还好吗？对不起，我不该离开你，丢下你一个人。现在，只希望上帝眷顾在天堂的你们。"

1943 年，距离伯尔尼州的科诺尔丰根的天主教神父代表欧萨斯·布鲁基尔去世已经过去 5 年。这里生活的人们也渐渐遗忘了 22 年前发生的事情，而对于弗里德里希·迪伦马特，没人知道他是阿达斯列·迪伦马特的孩子。

面对母亲的离世，弗里德里希·迪伦马特无比自责，最后他连伯尔尼大学的大门还没有跨进便选择终结自己的学业。凭借着女牧师 5 年的教导和一年苏黎世大学潜心学习的所有知识，开始了自己的写作生涯。

# *04*

## 延续一生的荒诞

履历的坎坷和家庭的悲惨遭遇，让弗里德里希·迪伦马特成了一个很奇怪的人，他的写作风格也是如此：通过"距离"来表现笔下所写的，通过"怪诞"的写作手法来营造这种"距离"感，这就构成了他艺术表现的重要特征"荒诞、夸张"，同时他的"履历的坎坷和家庭的悲惨遭遇"也让他在自己的作品中反映出严肃的社会问题。

迪伦马特认为："怪诞乃是一种极致的风格，一种突然出现的形象化的东西"，"是诙谐和思想敏锐的表现"，"它能抓住时代的尤其是当前社会所存在的问题"。因此"怪诞"构成了迪伦马特艺术表现的重要特征。

"怪诞" 在迪伦马特那里是通过"即兴奇想"取得的。他说："悲剧克服距离""喜剧创造距离"，而"即兴奇想则是喜剧创造距离的手段"。

"佯谬"是迪伦马特艺术表现的一种诀窍。它是两种逻辑的不断消长与互相抵消，造成一种似真似假、若隐若现的艺术情趣。他怪诞的故事不是荒诞，而是"佯谬"。

这是迪伦马特艺术表现的另一个重要特征。

从 1943 年开始，弗里德里希·迪伦马特通过著书立说，传授德国文学谋生。衣食之余也开始接触戏剧。他的第一部剧本《立此存照》于 1945—1946 年间完成，剧本内的人物虽然是虚构的，但内容却是 16 世纪明斯特一个再浸礼教徒为了信仰宁可抛弃财富和家庭的真实写照。《立此存照》最终于 1947 年在苏黎世成功首演。

在演出期间，一个苏黎世裁缝的女儿戈贝·萨萨林爱上了才华横溢的弗里德里希·迪伦马特，尽管他有点古怪，但两人似乎有着不可言说的默契，一拍即合，两人在《立此存照》演出几个月后结婚，约定终生。

1946 年，弗里德里希·迪伦马特迁居巴塞尔，正式开始职业作家生涯。他于 20 世纪 40 年代至 60 年代创作的《罗慕路斯大帝》《老妇还乡》《物理学家》等名作，奠定了他在世界戏剧界的声誉及地位。其中在弗里德里希·迪伦马特于 1956 年创作的剧作《老妇还乡》中，他应用他最独特的"悲喜剧"的写作手法揭露了金钱万能的社会现象，效果强烈，轰动了世界文坛，此剧作可以说是迪伦马特最有光彩的剧作之一。

《老妇还乡》这部剧作让我们知道了解决问题的最好方法就是正视它而非逃避。我们真正爱的是生活，不仅仅爱的是生活美好的、和谐的一面，也要敢于直面生活黑暗的、不堪的一面，然后尽力改善。在那个功利色彩越来越严重的社会里，金钱似乎成了人们唯一的追求，为了金钱人们不择手段。而这部剧，提醒人们永远不要忘记自己的良知和道德。要记住，道德是永存的，而金钱总是在换主人。所以一个满身铜臭味的人是不会有好的未来的，终将被世人所厌恶。《老妇还乡》也警示人们要时时刻刻保持一颗充满良善和希望的心。

此外，1962 年问世的《物理学家》，更是进一步奠定了迪伦马特在西方文坛的地位。通过虚构的天才物理学家的故事，阐释了他所理解的科学与人类命运的关系问题。当科学开始存在时，人们就会发出"当物理学家的责任、信念、利益、爱情撞击在一起，会裂变出多少悬疑、多少隐秘？"这样的疑惑。

弗里德里希·迪伦马特的作品通过故事发展，案情探索，层层深入，间接或者直接回答了这个疑惑，同时也揭示了："在权利纷争的当今世界，尖端科学技术其实是一柄双刃剑，它可能造福于人类，也可能给人类带来巨大的灾难。正直的科学家为保持良知，坚守对全人类命运的关爱，不惜牺牲家庭、爱情、自由和自己的一切。"

弗里德里希·迪伦马特的一生创作很多剧作，此外还有小说《隧道》《法官与刽子手》《抛锚》《诺言》等。他的小说主要是犯罪小说，因为他认为犯罪现象是普遍存在的，主张通过犯罪问题的探讨来揭示犯罪的生理、心理原因和社会根源。迪伦马特还写过一些戏剧理论著作，以《论喜剧》（1952 年）、《戏剧问题》（1955 年）、《弗德里希席勒》（1960 年）等文章建立了自己的悲喜剧理论。20 世纪 80 年代之后迪伦马特宣布因身体原因，结束小说与戏剧创作，专心写自传。

1990 年 12 月 14 日，费里德里希·迪伦马特逝世，终年 69 岁。

然而，"怪诞"的迪伦马特在西方文坛的地位仍旧无法被动摇。

# 瑞士联邦女主席

——米舍利娜·卡尔米－雷伊

米舍利娜·卡尔米-雷伊（Micheline Anne-Marie Calmy-Rey，1945—），女，瑞士联邦主席（2007年、2011年任职）。出生于瑞士瓦莱州首府锡永市。1979年，正式加入瑞士社会民主党，开始了她的政治生涯。在政界摸爬滚打30多年，从议会议员到社民党主席，再到外交部部长，最终于2007年和2011年两度出任瑞士联邦主席（任期一年），成为瑞士第二位女性联邦主席。

在政坛上，她凭借着"初生牛犊不怕虎"的干劲，重整瑞士外交部，曾三次深入访问中东地区，一切的艰难险阻在她面前都只不过是垫脚石。风雨彩虹，铿锵玫瑰，经历了种种磨难的洗礼，她越发坚韧，眼神中的果断与坚毅从未离开过她，她的存在就是成功的最好证明。

# *01*

## 有两个孩子的妈妈大学生

1945年7月8日，米舍利娜·雷伊出生于瑞士瓦莱州的首都锡永市，她的母亲是阿德琳，父亲是查尔斯。锡永市位于瑞士的西南部，南邻罗讷河，西接莱茵河，便捷的交通以及得天独厚的自然风光使得锡永市早在18世纪末就成为蔬菜、水果和酒交易的重要市场。在经济发展的同时，不同国家和地区往来的商队也将他们的文化一同带到了锡永市，并与本地的文化进行交汇融合，促成了锡永市"百家齐放"的文化盛景，也促成了锡永市热情好客的人文特色。一方水土养一方人，锡永市水乳交融的经济文化背景对从小生长于此的米舍利娜·雷伊的性格产生了深远的影响，也对她后来成为外交部部长大有裨益。

米舍利娜·雷伊长相甜美，她的脸好像绽开的白兰花，经常洋溢着满足的愉悦，一双带着稚气的、被长长的睫毛装饰起来的美丽的眼睛镶嵌其中，高高的鼻子下面有一张能说会道的嘴。年幼的她，就深受街坊邻里的喜爱。

除了出众的外貌，米舍利娜·雷伊还拥有让人敬佩的品德和才学。受良好家庭环境的熏陶，童年时代的她就乐于在自己力所能及的范围内帮助别人，她的同龄人大多接受过她的援助。米舍利娜·雷伊还是个在学习上积极上进的姑娘。面对繁重的学习任务，和她同班的不少同学自暴自弃，消极对待，然而雷伊却和他们不一样。她喜欢未雨绸缪，不论是多么繁重的学习任务，她都能化繁为简，将大目标分解为一个个小目标，并制订好每一步的完成计划。也正是因为这样，她的学习旅程才少了一些迷茫，多了一份坚定。除此，米舍利娜·雷伊更是抓紧一切时间来充实自己，磨砺自己。一寸光阴一寸金，雷伊不愿意有半寸光阴从自己手中溜走。每天吃饭的时候，别的同学都在看电视，而她却边读书边吃饭；排队等待的时候，她也不愿意浪费时间，常常是拿出随身的小册子来看。她周围的人都把她当作书呆子，但是她却从中自得其乐。1963 年，19 岁的米舍利娜·雷伊在圣莫里斯（St. Maurice）顺利地完成了自己的学业。接下来的日子，米舍利娜·雷伊经常思考很多问题，她深思该如何规划自己未来的人生。

1966 年，一次偶然的机会，米舍利娜·雷伊遇到了安德烈·卡尔米（André Calmy），那是一个有着绅士风度的男人。他那炯炯有神的目光、严谨敏锐的神情、温文尔雅的举止、憨态可掬的笑容无时无刻不在吸引着米舍利娜·雷伊，与此同时，雷伊甜美的长相、优雅的谈吐也深深地吸引着安德烈·卡尔米，两个人竟然同时坠入了爱河，难以自拔。后来的日子，他们为了更加深入地了解彼此，经常相约一起游玩，一起喝咖啡，有时也会一起谈论政治。相处之中，两个人对彼此的爱好和性格有了更加深入的了解，尤其是当他们得知对方的理想目标和自己的一致时，就有了长相厮守的想法。男大当婚女大当嫁，两个人最终步入婚姻的殿堂，走到了一起，她的名字中加入了丈夫的姓氏，变成了米舍利娜·卡尔米 – 雷伊。

　　婚后的日子，米舍利娜·卡尔米－雷伊专心经营自己的家庭，除了每天正常的工作之外，她还负责家里的杂务。每天的一日三餐她都精心地准备，家庭的所有清洁工作她也全部承担，完全尽到了一个妻子的责任。两个人的夫妻感情在互相理解和互相支持中越来越深厚，水到渠成时，两个人终于拥有了属于他们爱情的结晶，迎来了两个可爱的孩子。从此，安静的家庭里多了几分孩子的欢闹，而两个人的肩上也多了一份抚养孩子成长的责任。在那之后的两年多时间里，安德烈·卡尔米继续努力赚钱养家，而米舍利娜·卡尔米－雷伊不得不辞去了工作，专心在家抚养孩子。

　　到 1968 年，米舍利娜·卡尔米－雷伊的两个孩子已经差不多都两岁了，稍稍减负的雷伊内心又开始躁动起来。一天，她停住自己繁忙的脚步，重新思考自己当初的人生目标，面对社会的激烈竞争以及生活的压力，她最终选择了继续深造。当年，她顺利考入了位于日内瓦的高等国际关系学院。重新步入学习的雷伊，越发忙碌起来。因为她一方面要照顾自己两个年幼的孩子，另一方面要抽出时间读书上课，她恨不得变出三头六臂来应付所有的事情。因为丈夫的工作异常繁忙，为了不耽误孩子的学前教育，她雇用了家庭保姆。每天早上，她依旧为丈夫和孩子准备好早餐，在那之后，她便将孩子送到保姆的住处，随后她又立刻赶往学院学习。虽然她早已成年，但是依旧保持着谦虚好学的态度，在课堂上，她认真听讲，不耻下问，晚上放学之后，她先把孩子从保姆的住处接回来，再为孩子们做好饭，在安排他们入睡之后，她又走到书房打开台灯继续学习，除了整理当天课堂上的笔记外，她还多次反刍当天上课老师教过的知识。为此，书房的灯总是亮到深夜。

平淡无味的生活过得太久难免会厌烦，即使是像米舍利娜·卡尔米－雷伊这样意志坚定的人也是如此。因为安德烈·卡尔米经常忙于各种应酬，每天早出晚归，很多时候比雷伊回家还要晚。每天晚上独自回到家的雷伊感受不到家庭的温馨，享受不到丈夫的呵护，看不到未来的雷伊常常在深夜暗自落泪。但是作为一个女强人，她又怎么会因为这么点挫折而退缩呢？在失落的时候，她常常会攥紧拳头为自己打气，鼓励自己坚持下去。"宝剑锋从磨砺出，梅花香自苦寒来"，在不懈的努力下，她终于获得了高等国际关系学院的政治科学学位。

在米舍利娜·卡尔米－雷伊捧着毕业证书的一刹那，很多人都向她投来羡慕的眼光，但是他们不知道的是，这个证书的背后，记载了雷伊无数个日日夜夜的苦读。也正是在这一点一滴的积累下，成功的种子悄然萌发，绽放出了灿烂的花朵。

# 02

## 一位政坛女性的成长

1968 年，当米舍利娜·卡尔米－雷伊还在日内瓦国际关系学院学习时，除了每天按时上下课完成作业之外，课余时间她还会参加学院社团组织的一些聚会活动。在聚会上，人们经常会讨论一些关于国家政策的话题，或者针对一些提议展开辩论，初出茅庐的米舍利娜·卡尔米－雷伊也逐渐尝试着去表达自己的观点。从小就刻苦好学的她，以其渊博的学识和出众的口才迅速在辩论会上引起了同学以及学校领导的关注，在这其中，就有社会民主党的成员。之后的日子里，米舍利娜·卡尔米－雷伊感觉到社会民主党的人总是在有意无意地帮助自己，这让她有些不知所措。在一次活动后，社会民主党的成员邀请她进入社会民主党位于日内瓦的分部。起初，她并没有加入政党的打算，但是在丈夫询问当时她选择主修政治学的目的是什么时，米舍利娜·卡尔米－雷伊顿时恍然大悟。就这样，她接受了社会民主党的邀请，成了社会民主党的一员。

由此，米舍利娜·卡尔米－雷伊正式开始了她的政治生涯。

刚刚步入政坛的她，面对周围陌生的面孔、冷漠的人情以及政坛所固有的潜规则，她的内心开始处在一种极大的矛盾当中。丈夫在得知她面临的窘境时，一方面指导她要将理论知识和社会实践相结合，另一方面则是鼓励她不要害怕挫折，坚持下去。在家人的激励下，米舍利娜·卡尔米－雷伊重新拾回了对于政治的热情，并且在之后的政治事业中越挫越勇。在磨炼的过程中，她不仅积累了宝贵的经验，而且积累了丰富的人脉关系，更主要的是获得了大众的认可。这让米舍利娜·卡尔米－雷伊在社会民主党内的声望逐渐提高。

1981年，在社会民主党内成员的推荐下，米舍利娜·卡尔米－雷伊开始担任日内瓦州议会议员，这对于她的职业生涯来说是一次质的飞跃，从此米舍利娜·卡尔米－雷伊的事业如日中天。随着她眼界的不断开阔、思想觉悟的不断提高，支持她的人越来越多。在担任日内瓦州议员期间，她又被选举为1992—1993年的社民党主席。从此，米舍利娜·卡尔米－雷伊迅速地成熟了起来。

从初入政坛到如今的干练成熟，米舍利娜·卡尔米－雷伊一直都严格要求自己。因为越步入社会民主党的高层，对领导者工作能力的要求也就越高。为了不断地提升自己，她工作之余的全部时间几乎都用来读书，以此来不断提升自己的能力。

担任过日内瓦州议会议员和社民党主席的米舍利娜·卡尔米－雷伊，凭借着自己卓越的决策力以及能言善辩的口才在社会民主党内部声名鹊起，几乎无人不知无人不晓。也正是这些可贵的品质，使得她不断地受到日内瓦州政府的举荐和重用。1997 年，她成功进入日内瓦州政府，担任州务委员；2001 年她又被选为日内瓦州务委员兼财政部部长。对米舍利娜·卡尔米－雷伊来说，每一个新的岗位既是机遇又是挑战，但是不论在哪里工作，她都能迅速适应新的环境，并且在自己的职位上兢兢业业，获得大家的一致好评。尽管如此，米舍利娜·卡尔米－雷伊的职业生涯也不是一帆风顺的。

在 19 世纪上半叶的瑞士，女性是没有任何地位的，她们经常受到男人的羞辱，无法享有受教育的权利，更无法享受平等工作的权利。自 1868 年日内瓦著名妇女活动家玛丽·科格·普书兰发起第一次女权主义运动开始，瑞士女性的地位才第一次受到了世人的关注。尽管在那之后，还有很多人在为女性应该享有的平等权利而努力，但是仍有不少世人对女性保持着固有的轻视态度。而作为女性政治家的米舍利娜·卡尔米－雷伊，自然也受到了外界不少的恶语中伤或者诽谤。在一次工作会议上，米舍利娜·卡尔米－雷伊与一位男同事的意见产生了分歧，那位男同事盛怒之下，竟说出侮辱女性人格的话来，这让米舍利娜·卡尔米－雷伊感到莫大的耻辱。

是可忍孰不可忍，雷伊决定好好教训他一番。早在日内瓦的
高等国际关系学院读书时就以能言善辩著称的米舍利娜·卡
尔米－雷伊沉着应对，据理力争，最终让那些心胸狭窄的男
人感到无地自容。在普通女性的眼里，米舍利娜·卡尔米－
雷伊就像一个圣斗士，她的正义之辞就像一把把利剑，挑破
笼罩在女性头上多年的阴霾。为了使女性能受到公平公正的
待遇，获得属于她们自己的权利，她甘愿冲在最前面。

随着瑞士女权运动的不断深入，女性终于获得了联邦层
级选举的参政权。2002 年 12 月 4 日，米舍利娜·卡尔米－
雷伊当选为瑞士联邦委员会委员并任瑞士外交部部长。在瑞
士历史上的 109 位联邦委员中，只有 5 位是女性，而米舍利
娜·卡尔米－雷伊是第四位成功进入瑞士联邦委员会的女性。
从一个不知名的小职员到国家的外交部部长，米舍利娜·卡
尔米－雷伊这只鹰终于找到了属于自己的一片天空。而这份
殊荣，不仅对她过去十几年来的努力拼搏给予了回报，同时
也鼓舞了整个瑞士甚至是全世界的女性。米舍利娜·卡尔米－
雷伊作为女中豪杰，成为世人的榜样。

为了宣传瑞士，进一步加强瑞士在国际社会上的影响力，
2004 年 3 月，米舍利娜·卡尔米－雷伊决定以外交部部长
的身份出访朝鲜与韩国。从小就习惯了未雨绸缪的她，在出
访前搜集了朝鲜和韩国的大量资料，并进行研究，对两国近

期的状况进行了深入的分析，以图做到"知己知彼，百战不殆"。凭借着充分的准备、敏捷的才思，米舍利娜·卡尔米 – 雷伊顺利地完成了友好访问。

位于"两洋三洲五海"之地的中东地区，自古以来就是东西方的交通枢纽。那里富含石油资源，而水资源却极度匮乏，各国常常因为争夺资源而爆发战争，因此中东地区被称为世界上最动荡的地区之一。作为瑞士外交部部长的米舍利娜·卡尔米 – 雷伊，从来不惧怕危险。2005 年，她曾先后 3 次访问动荡的中东地区。在国家利益和世界和平事业面前，她将个人安危置之度外。她的大无畏精神令很多男性领导人折服，瑞士人民更是以他们有这样一位勇敢的女外交部部长而感到骄傲和自豪。

芝麻开花节节高。米舍利娜·卡尔米 – 雷伊凭借着自己卓越的才能在仕途上越走越远。2006 年，她在联邦选举中当选为瑞士联邦副主席，此时，米舍利娜·卡尔米 – 雷伊已经达到了她的职业顶峰。为了同更多的国家建立良好的合作伙伴关系，作为副主席的她越发的忙碌了。她每天的日程都很满，大部分时间是在飞机上度过，即使经常感到身心俱疲，她也无怨无悔。也许是身为女性的缘故，每次出访时，米舍利娜·卡尔米 – 雷伊都很关心随行人员的感受。"己所不欲，勿施于人"，米舍利娜·卡尔米 – 雷伊从来不愿意强迫别人去做他们不愿做的事情，而是通过自己强大的精神力量来号召他们和她一起为了国家利益和世界和平事业而奋斗。

2006 年 10 月，受时任中国外交部长李肇星的邀请，时任瑞士联邦副主席兼外交部部长的米舍利娜·卡尔米－雷伊对中国的北京和广州进行了友好访问。第一次来到中国的米舍利娜·卡尔米－雷伊，被眼前这片极具东方魅力的土地深深地吸引了。早在来到中国之前，她就通过书本对中国的历史文化进行了一定程度的了解，但是眼前的一切出乎她的想象，是一个朝气蓬勃的国家。

米舍利娜·卡尔米－雷伊对这个曾经是四大文明古国之一的中国展现出了浓厚的兴趣，不论是风景秀丽的名胜古迹、美味可口的小吃还是淳朴善良的民风，都让这个初到东方的女性流连忘返。

同中国外交部部长会晤之后，相关人员又带她参观了举世闻名的故宫和北京八大胡同。作为中国最大的古代文化艺术博物馆，故宫收藏了中国几千年来数量极大且承载着历史文明的宝藏。面对眼前这些设计精巧，精妙绝伦的艺术瑰宝，米舍利娜·卡尔米－雷伊不时地发出赞叹。她说："中华民族和瑞士人民都是精巧睿智的民族，这些艺术宝藏都应该得到完善的保存，并且一直传承下去。"历经沧桑的砖墙承载着这个城市独特的记忆，技艺娴熟的小贩骑着小车、吹着糖人，精神抖擞的老人在石案上练着苍劲有力的书法……故宫承载的是整个中国数千年的历史记忆，而胡同里承载着上个世纪北京人民的生活回忆。从国家到人民，这次参观让米舍利娜·卡尔米－雷伊对中国有了更加具体深刻的印象。

在参观完北京之后，米舍利娜·卡尔米－雷伊又在众人的陪同下来到了广州市。广州号称"千年商埠"，历史上一直是中国最重要的商业中心之一。这里店铺林立，工厂密集，港口繁多。在政府官员的陪同下，米舍利娜·卡尔米－雷伊参观了几个现代化的工厂，那里高度机械化的流水线作业让她印象深刻，米舍利娜·卡尔米－雷伊对这次访问十分满意，她说以后有机会希望能与中国有更多的交流机会。

"中国在历史上曾经为人类文明发展做出巨大贡献，和平发展是中国政府在传统文化基础上做出的必然选择。"访问到了最后，米舍利娜·卡尔米－雷伊有所感触地说出这句话。

米舍利娜·卡尔米－雷伊在 2006 年 12 月 13 日的国会联席会选举中，获得了 147 票的支持，成为 2007 年的瑞士联邦主席。

# 03

## 负重前行的外交守护者

瑞士外交部一直以清廉正直、不卑不亢的形象而闻名世界，然而就在米舍利娜·卡尔米－雷伊担任外交部部长的第一年，瑞士外交部开始被一些金钱贿赂的丑闻压得喘不过气来，甚至有传闻说外交部内部存在性交易的潜规则，这对于刚刚上任的米舍利娜·卡尔米－雷伊来说是莫大的耻辱。为了拯救瑞士外交官的形象，她开始四处奔波。

米舍利娜·卡尔米－雷伊用她极具洞察力的思维对丑闻事件进行了缜密的分析，厘清了事件中存在的几个典型问题。在明白这一切之后，她便开始着手处理这些年来积存的顽疾。

任职期间，米舍利娜·卡尔米－雷伊化解了所谓瑞士默许向欧洲偷渡人口的谣传危机。

米舍利娜·卡尔米－雷伊从来就不是喜欢推卸责任的人，在她的工作中，不论出现什么问题，她都会首先从自己身上寻找错误，她是个敢于担当的女强人。然而，也正是因为如此，她无意中给自己平添了很多烦恼。当她看到报纸上发表的各种瑞士外交失利的事件时，巨大的愧疚感涌上心头，她责怪自己做得不够完美，责怪自己的能力不够强。与此同时，她思考着外交部可能存在的真正问题。在那之后不久，米舍利娜·卡尔米－雷伊就发现，原来在外交部组织机构内部，不论是在人才选拔还是日常管理方面，都存在着严重的问题。她暗暗下定决心要重整瑞士外交部，重塑外交部清明廉正的良好形象。

在米舍利娜·卡尔米－雷伊有了重整外交部的想法之后，她将外交部出现的所有问题列了一个清单，并且对涉及这些事件的驻外大使展开了暗中调查，最后，在斟酌参考外交部的意见之后进行了大洗牌。轻者受到外交部的内部问责，重者则直接召回或者停职接受审查。这次的整风行动，让外交部的所有人员都看到了米舍利娜·卡尔米－雷伊的决心，瑞士外交部的良好形象大为好转。

作为世界第二大的私人财富资产管理者，瑞士银行以保密性强，以及对客户隐私的绝对尊重与保护而闻名于世。坊间流传着世界上贪官的养老钱都存在瑞士银行，这也从侧面反映出瑞士银行极强的保密性。

面对许多捕风捉影并毫无证据的诽谤，作为外交部部长的米舍利娜·卡尔米－雷伊总能很快作出回应。她义正词严地控诉那些不良媒体的不实报道和蓄意引导舆论的不良走向，她同时表示，瑞士银行保密性强是不假，但这并不代表瑞士银行就是藏污纳垢的场所，她呼吁民众要相信事实，不要被用心不良的媒体所利用。

作为一个走上政坛并且身居高位的女性领导者，米舍利娜·卡尔米－雷伊自然是博得了很多人的关注。但是，外界对她的评价却是褒贬不一的。喜欢她的人觉得她精明能干，能言善辩，敢作敢为，是女性的榜样；不喜欢她的人觉得她作为女人，没有尽到妻子应该尽到的责任，并且指责她不应该过多地牵涉政治。米舍利娜·卡尔米－雷伊从来不把这些人的评价放在心上，不论是表扬的，抑或是贬低的。已经在政坛上闯荡了几十年的米舍利娜·卡尔米－雷伊早就形成了不以物喜不以己悲的性格。她认为一个人应该按照自己的价值判断说话做事，外人无权干涉。

在一次同伊朗总统会晤前，关于衣着，米舍利娜·卡尔米－雷伊思虑了很久，尽管她的私人助理建议她一切照常，但是米舍利娜·卡尔米－雷伊觉得到了别的国家就应该遵从当地的风俗习惯，最后，她决定戴着伊朗特有的头纱参加会面，以示她对于此次会见的重视和诚意。2008 年 3 月 17 日，米舍利娜·卡尔米－雷伊带着雪白的头纱与伊朗总统见了面。

米舍利娜·卡尔米－雷伊的这一举动一经报道，便立刻引来了众多媒体和民众的指责。有的人认为，米舍利娜·卡尔米－雷伊作为瑞士的外交部部长，应该注意自身的形象，不应该卑躬屈膝地佩戴伊朗的头纱，有的媒体评价她是一个软弱顺从的女人，不配再继续担任外交部部长。更有一些不怀好意的媒体，肆意对此事进行渲染，企图将民众引入歧途。

面对这些如潮水般涌来的指责，米舍利娜·卡尔米－雷伊并没有打算低声下气地道歉或者澄清什么，她只是再次向民众解释了自己当初戴头纱的目的不过是遵从伊朗当地的风俗习惯，只是出于对会见国的尊重。在那之后，尽管还有很多媒体恶意刁难她，她都采取置之不理的态度。一旦是她决定的事情，没有谁能够改变她的想法。她就是这么一位执着的外交官。

# 04

## "与一切'重磅级的人物'对话"

就在民众对她的形象问题的质疑还没有消除的时候，她又做出了引人关注的事情。

法新社日内瓦 2008 年 8 月 26 日报道："长相甜美但嘴无把门的瑞士外交部部长米舍利娜·卡尔米－雷伊 25 日再度语惊世界：为了真正消除全球恐怖威胁，各国政府应该探讨与拉登'直接谈判'的可能性，而瑞士更不排除这种可能！"

这个报道一经发出，民众舆论的热点又转移到了米舍利娜·卡尔米－雷伊身上。

这件事情还要从 2008 年 8 月 25 日在瑞士首都伯尔尼举办的一个研讨会说起。当时，有来自 170 个国家的大使或者特使参加了这个研讨会。为了在这次研讨会上针对所提的问题能有所突破，米舍利娜·卡尔米－雷伊在会前就进行了充分的准备，她将瑞士面临的问题列成了清单，并准备好了自己的一些想法。

研讨会刚刚开始不久，米舍利娜·卡尔米－雷伊就提出了自己的想法："要想解决世界性的问题，那么就应该与一切'重磅级的人物'进行对话；我们应该抛掉世界非白即黑，人或者国家非友即敌的机械观念。如果还坚持这种观念，那么以色列永远无法跟巴勒斯坦谈判，尼泊尔政府永远不会跟游击队和解，西方社会就会抵制在社会主义国家主办的奥运会。既然这样，我们是听所谓的'聪明人'建议，还是没有歧见地跟所有的人对话呢，甚至跟拉登坐在一张谈判桌对话呢？"

对于米舍利娜·卡尔米－雷伊的一席话，除了少许几个大使点头称赞外，大多数思想保守的政府官员们皱起了眉头，为了说服这些"顽固派"，她继续阐述自己的观点："我觉得对话，而不是制裁或者抵制，要比现在采取的方法有效得多。"她微微颔首，决定从瑞士本国的政治环境以及自己的外交经历说起，"瑞士跟其他国家不一样，从来没有所谓的禁止组织或者国家。我们跟哈马斯谈过，跟真主党民兵谈过，也跟其他的极端组织谈过，我们还跟几乎所有的科索沃分裂组织谈过。我们这样做，不是说承认他们做法的合法，而是促使他们结束暴力。"

最后，米舍利娜·卡尔米-雷伊看着大家不知所措的表情，总结道："真主党民兵、哥伦比亚反政府武装、泰米尔猛虎组织和乌干达的抵抗军都在寻求解决的办法，既然大家都有想要解决问题的决心，为什么不各自心平气和地谈谈呢？也许这样才能真正解决问题。"

阐述完自己的想法之后，米舍利娜·卡尔米-雷伊深深地舒了一口气。她是想把解决问题的另一种更加趋于和平的方式介绍给大家。可是在场的大使们，显然对眼前这个女性部长的话不太信服，特别是瑞士国内的政治家。这让米舍利娜·卡尔米-雷伊感到有些沮丧。她深深地感觉到一个人能力的微薄。

2011 年，米舍利娜·卡尔米-雷伊再次当选瑞士联邦主席。当选后，她在接受《联邦报》采访时表示，瑞士在过去的 20 年中国际地位明显削弱：世界贸易中的排名从第 14 降到第 20，人均收入从第 6 降到第 11，人道主义援助指数从第 4 降到第 13，在国际货币基金组织和世界银行的排名从第 14 降至第 19。这种变化实际上很正常，因为瑞士毕竟只是一个很小的国家，当以中国为代表的发展中国家崛起后，瑞士的相对地位必然下降。对于米舍利娜·卡尔米－雷伊而言，这种变化是其需要应对的挑战。

其他方面的挑战还很多，米舍利娜·卡尔米－雷伊在 2011 年的新年讲话中表示，全球化的世界带来了很多机遇，但同时也带来了金融市场不稳定、气候变化、恐怖主义、移民压力等一系列的问题，因此，作为瑞士联邦主席，她在这一年任期当中最主要的工作就是认真对待全球化带来的恐惧和疑虑，仔细倾听所有瑞士人的烦恼和需求。她还指出，我们必须承认，瑞士一国的解决方案，对于解决国际性问题是远远不够的，必须制定国际政策、创建新的合作机制。在当今世界中，必须要加强国际合作，她将致力于加深同欧盟的关系，积极参与国际事务，她同时呼吁瑞士民众对自己的国家少一些批评，多一些信心。

瑞士媒体除了关注米舍利娜·卡尔米－雷伊的表态之外，还特别关注了新一年发表的瑞士 7 人联邦委员会的集体照。人们发现，这张集体照拍摄的地点以及委员们的姿势都跟 1993 年第一张集体照一模一样。唯一不同的是，当时的 7 名委员当中只有 1 位是女性，而现在却有 4 位巾帼，须眉反倒成了少数。对于这张照片，有人说是通过这种对比展现时代的进步，也有人说，这种站位方式使米舍利娜·卡尔米－雷伊处于所有委员的中心位置，这才是她追求的效果。

2011年联邦主席任期届满后，米舍利娜·卡尔米－雷伊不再连任自2003年以来一直担任的联邦委员会委员，退出了政坛。

米舍利娜·卡尔米－雷伊共担任过9年瑞士联邦委员会委员，其间两度担任瑞士联邦主席，两度担任瑞士联邦副主席，是瑞士联邦委员会第四位女性委员和瑞士联邦第二位女性主席。在她第二次当选联邦主席的时候，她说过：无论是作为联邦主席或是联邦委员，无论在什么位置，她都愿意为国家谋福祉，为瑞士人民的幸福而奋斗。

# 建筑艺术鬼才

——雅克·赫尔佐格和

皮埃尔·德梅隆

瑞士
皮埃尔·德梅隆
世界建筑大师

雅克·赫尔佐格（Jacques Herzog，1950— ），瑞士建筑大师。皮埃尔·德梅隆 (Pierrede Meuron，1950—)，瑞士建筑大师。北京奥运会主体育场"鸟巢"的共同设计者。二人均出生于瑞士巴塞尔，毕业于苏黎世联合工业大学。1978年在巴塞尔与皮埃尔·德梅隆共同创建赫尔佐格·德梅隆建筑事务所，除了"鸟巢"，赫尔佐格·德梅隆的著名设计还有德国慕尼黑安联球场、伦敦泰特现代美术馆、PRADA 东京新旗舰店。2001 年，雅克·赫尔佐格与皮埃尔·德梅隆共同获得了有建筑界诺贝尔之称的"普利兹克建筑奖"，2013年"鸟巢"获得英国年度建筑设计大奖。其他主要获奖还有：1999 年 Schock 大奖、2001 年法国 Equerred'Argent 大奖、2003 年 Stirling 大奖。

# 01

# "表皮"理论大师

1950 年，雅克·赫尔佐格出生于瑞士的第三大城市巴塞尔，在他仅仅 6 岁还上幼儿园的时候，就结识了同年出生的皮埃尔·德梅隆。从那时开始，他俩的名字就如同被命运捆绑住一般。他们就像一对双生儿一般，形影不离地度过了学生生涯。这样的情景一直持续到大学，二人都在苏黎世联合工业大学共同度过了大学时光。而日后的种种作品，也都是由二人珠联璧合完成的。也许是由于二人从小到大建立起的深厚友谊，又或者是因为二人在奋斗的过程中有着共同的理想抱负，志趣相投的他们于 1978 年在自己的家乡巴塞尔共同建立了赫尔佐格·德梅隆建筑事务所，并不断发展扩大。该事务所在苏黎世、巴塞尔这样的本土地区有分部，而在巴塞罗那、旧金山这样的大城市，抑或是伦敦、北京这样的首都城市都有其分支机构，而在世界各地众多的分支机构里有许多雇员在为其工作着。

其实对于大多数中国人来说，熟悉赫尔佐格和德梅隆的名字还是因为 2008 年让我们举国沸腾的北京奥运会。在那之前并没有多少中国人了解和认识他们二人，但是当他们在竞标过程中以多数票中标拿下中国国家体育场的建筑设计资格之后，二人的名字就连同那个鸟巢状的体育场一起在中国家喻户晓了。

这个设计在赫尔佐格和德梅隆心中有着非同寻常的地位，正如之前的作品一样，"鸟巢"也是从"表皮"这一个方向来入手的。而所谓的"表皮"，就是他们在其职业生涯中贯穿始终的灵魂。

建筑表皮，通俗易懂地来讲就是建筑立体空间的维护，是建筑内外空间连接的媒介。不过与建筑外墙不同的是，建筑的表皮对人的感受更加直接，是直接用眼就能看到，抑或是用手便能触摸到的。表皮建筑和表皮设计虽然在近年来呈现大热的趋势，但它并不是新鲜事物，而是自古便存在了。

德国 19 世纪的著名建筑理论家戈特弗里德·森佩尔就提出在人类文明发展的过程中，用来抵御野兽侵袭而编制的栅栏以及把房屋用这些材料围成一个护栏便是人类最早期的空间维护，而所用的这些材料就是传统意义上我们所说的建筑表皮，听着虽然简单，却是建筑表皮最早的表现形式。早在人类文明还不发达的原始社会，就已出现了建筑表皮从单一到覆层的转换，而究其原因，也是因为单一的栅栏并不能满足于人类抵御凶猛的猛兽。森佩尔同时认为，之所以会产生这样的一个密闭空间来帮助人类抵御猛兽，则是由于建筑表皮是其基本要素，它作为一个基本物件并没有多大的意义，而把它围成一个圈便足以抵挡猛兽的袭击了。这一结论使得空间自由流动，而承重的功能由十字钢柱替代建筑表皮承担，至此建筑表皮才获得了绝对的自由。

随着社会的高速发展，人们早已不满足于传统的设计理念。在设计理念转变的今天，生态设计被广泛重视和发展，建筑表皮从最初的艺术审美意义变成了形式与功能双重身份的结合体。在形式上，建筑表皮继承了历史发展流传下来的历史痕迹，也由此反映了浓厚的地域特色。而在功能上，由于科技的高速发展，则可以达到对诸如暴风雪一类的恶劣天气的完全抵御，甚至还能利用一些有利的气候因素，从而起到保温或者隔热的作用。加之近年来的各种光电转换技术的成熟，各种高科技在建筑表皮上的应用越来越多变和广泛，赫尔佐格和德梅隆正是在建筑表皮设计的形式上达到了登峰造极的地步。

如果说对表皮的印象还显得过于抽象的话，那么接下来的解释可能更容易被人接受。建筑表皮就相当于建筑的"皮肤"，而这也正是建筑表皮的概念被提出来时它的全部使命。但是赫尔佐格和德梅隆却在此基础上潜心钻研，终于将其发展为不仅仅是建筑的"皮肤"，反而更多的则像建筑的"衣服"一般。在他们看来，建筑的表皮不应该仅仅局限于做建筑的"皮肤"，它更应该像人通过衣着打扮在社会中展现自己那样，也理应成为建筑的公私交界线。正如设计服装的设计师对布料选择十分严格一样，赫尔佐格和德梅隆对表皮所使用的材料筛选要求也近乎苛刻。这可能与他们在创立事务所之初经费紧张的缘故有关，但是更多的是赫尔佐格和德梅隆对材料的痴迷。他们迫切希望通过自己精挑细选的材料辅以自己对于建筑的理解来创造出之前没有过的形象。而正是因为赫尔佐格和德梅隆对建筑表皮像服装设计师对待服装一样，他们的作品外观才往往引人叹为观止。

赫尔佐格和德梅隆在追求建筑表皮时，从来不会给其定位边缘或者界限化，当然对待表皮的标准也不是一成不变的。他们通过扩散开口和墙面直接的界限，而使表皮更多地成为一种痕迹。受到意大利著名建筑师阿尔多·罗西的影响，二人对建筑表皮更多的是追求视觉冲击。在他们看来，使参观者过目不忘这种简单粗暴的方式就是建筑的意义所在。正因如此，他们的每一个作品都会让人惊叹，感慨其建筑的思想与创意。

## 中国情缘——"鸟巢"

正如之前所说，"鸟巢"的横空出世再一次证明了赫尔佐格和德梅隆对表皮的痴迷与造诣。

对于"鸟巢"而言，局限于形式上的展示已经远远不能满足"鸟巢"的设计，同时还有结构上的功能。中国的传统文化也在这次设计中完美诠释。无论是古时镂空的手法还是中国陶瓷的纹路，抑或是代表中国主色的红色元素，都与这些冷冰冰的钢铁结构巧妙结汇，创造出了一种出乎想象的和谐美。但是正如所有伟大的工程一样，如此庞大的"鸟巢"绝对不是随便说说就能成型的。在技术上的问题还有很多，例如这么大的整体钢结构怎么合理搭配，想要做成鸟巢的形式屋顶如何开启，又或者是这些钢铁结构外层的薄膜怎么解决。果不其然，在建设过程中，仅仅干了半年之后就被有关部门叫停了。因为人们认为在建造过程中还有太多的安全问题没有得到妥善解决。为此赫尔佐格和德梅隆两位设计师亲力亲为，与中国设计师数十个夜晚通宵作战，终于想出了两全其美的妥善方法，那就是把"鸟巢"一开始设计的 9000 个临时座位撤掉，这样在不影响正常观众席位的前提下，使场馆内的空间变大了许多，增加了空气流动的通透性，简直是一举两得。

"鸟巢"最吸引人的地方之一便是它拥有世界最大的透明顶棚，这种顶棚由两层膜组成，但是膜的材质却是一种价格昂贵且我国无力生产的特殊材质，若想达到开始的预想，就必须全从国外进口，而一平方米的价格就高达 2000 元。由于这是一次全世界的聚会，是给世界认识中国的最好时机，于是中方便狠下心来进口了这种 ETFE 的薄膜，而最后的总投资达到 31 亿元，不禁令人感慨工程之大。果然做出来之后外观精美无比，因其像迎着太阳的向日葵，故就给它起了一个"向日葵"的别名。而由于有了强大的预算支持，赫尔佐格和德梅隆才得以在这项工程中大量测试将"表皮"和建筑结构融为一体的新构想。所以与其说赫尔佐格和德梅隆创造出了"鸟巢",不如说"鸟巢"也成就了赫尔佐格和德梅隆。业界同行的很多建筑师谈及赫尔佐格和德梅隆时都表示,二人所表现出来的建筑风格不与任何风格主义类似,他们的设计里包括了许多他们自己加进去细节以及手工艺方面的元素。这也正是他们有别于其他建筑师而被称为伟大的原因。

## 创作即是艺术

如果说"鸟巢"使得赫尔佐格和德梅隆在中国声名鹊起的话,那么其在此之前便在建筑界家喻户晓。而说到之前二人的成就,便不得不提二人另外一项让世人叹为观止的佳作——德国慕尼黑安联球场的设计。

提到慕尼黑,大多数人的第一反应就是啤酒。作为世界三大啤酒节之一的慕尼黑啤酒节的举办地,因啤酒而闻名于世也在情理之中。但是慕尼黑若仅有这一点便不足以让它闻名天下了。除去啤酒之外,传统的体育历史也是其值得炫耀的地方,例如有多次举办国际体育赛事的经历。慕尼黑在建筑方面也是一个集古老传统与现代前卫于一身的城市，所以这样的城市必然对建筑设计有着极高的要求。早在 1972 年，慕尼黑就创造了当时的一个神话，它们的帐篷式屋顶在当时是具有革命性的，用这种方式建起的一座奥林匹克体育场在当时让人瞠目。但是到了 30 多年后，随着人们对比赛要求越来越高，原来的体育场再也无法满足日益增长的比赛需求，于是由一个新的体育场来取而代之的想法便提上日程。工程采取公开招标的方式吸引天下豪杰，2002 年 2 月，在众多名门设计师的争斗中，一对组合胜出了，他们就是赫尔佐格和德梅隆，当时的媒体称他们是"2 名年轻的瑞士建筑师"。

慕尼黑安联球场是一个能容纳 7.5 万名观众的巨大体育场，在赫尔佐格和德梅隆的职业生涯里，他们设计出的风格迥异、种类多样的欧洲建筑不胜枚举，但是设计如此容量的大型体育场却是他们人生头一次。这对他们来说也是一个巨大且未知的挑战，所以这次究竟能做到何种程度，所有人都对此满怀期待。但是在接受采访时，他们对自己即将到来的项目计划侃侃而谈，言辞之间无时无刻不透露出其自信及野心。

在建造过程中，参与工程的 1500 多名设计师来自 20 多个国家，文化的差异营造出了另一种美。根据赫尔佐格和德梅隆提供的设计草图，整个 7 层的场馆由 350 根混凝土柱子支撑。为了使这些看着不大的柱子能够承受 1000 吨的超大负荷，就必须借助离心机来完成。经过复杂的技术制作，一种表面光滑的超强材料横空出世。制作出这些柱子耗尽了人力物力，光是混凝土的材料就可以堆满绵延 40 公里的火车。

足球是个令人肾上腺素飙升的运动，但是人们也永远不会忘记 1985 年在海瑟尔发生的那起如今想起来依然会背后发凉的惨案。所以新建的场馆一定要有足够高的安全度。负责场馆安全的罗伯特·哈斯勒说道："对于我来说，任务就是让如此巨大的人流高高兴兴地进来看比赛，安安全全地回家去。"为此设计者想尽一切办法，增加了一倍的高速通道，并把火车道几乎修建到了场馆口，其目的就是鼓励观众乘火车观看比赛而不是开私家车，从而减少场馆外的交通压力。主办方还特意增加了火车车次，在开赛前和比赛结束后，火车甚至可以夸张到一分钟走一趟车。这是前所未有的频次，每小时最多可以运输 2.1 万人。除此以外，安联球场还建有欧洲最大的地下停车场——可提供 1 万个车位。

慕尼黑安联球场的另外一大亮点就是酷炫的顶棚，这也是本次的设计赫尔佐格和德梅隆开创性设计中最精彩的部分之一。由于其平日涉猎广泛，对仿生学和自然科学都有研究，于是在这次创造这种既坚固又轻巧的结构中，便巧妙地应用了这些原理，为了达到完美，他两对自己的要求近乎苛刻。

而一开始所预想的半透明外壳也在逐步从梦想走进现实。这种由 3000 块充气面板组成的薄膜厚度居然被控制到了夸张的 0.2 毫米，所以 98% 的部分都为半透明。这样就能让球场内的草皮安然生长而不必担心因为质量不好而定期更换，节省了大量的人力物力，而这将是技术上的又一次创新。在这个屋顶下足足有 6.4 万平方米的空间。施工队就像保护国宝一样小心翼翼地将充气面板搬运进场。全部模板安装完成要耗时几个月，而且所有螺丝均需手动安装，工程难度及跨度可想而知。之前运来的 29 个直径 700 米的巨型圆环终于到了派上用场的时候，它们被用于建造慕尼黑安联球场的顶棚，部件的面板也需要充气，这样做的目的是让体育场更加美观。这样即使面板有了裂缝，也不至于像一颗泄气的皮球。之后工程队又将面临的诸多问题依次化解，有惊无险地让工程如期完成。

新安联球场绝对是天才用其富有创造力的大脑创造出来的人间极品，它把图纸上的理论知识变为实际的工程成品，尤其是耗时短，动用人力多，这绝非易事。其中赫尔佐格和德梅隆不仅以其大胆的风格剑走偏锋，更多的是通过这个建筑承载了诸多开创性的意义，说是建筑奇迹也并不为过。这个体育场与世界范围内已有的体育场都不相同，可以说是给接下来的体育场设计起到了模板的作用，也再次让世人认识到了赫尔佐格和德梅隆这对艺术鬼才的创造力。

在21世纪，足球已不再是简简单单的比赛，而是众人狂欢沸腾的巨大盛宴。慕尼黑新安联球场的建设工程自然超越了它的前身，赫尔佐格和德梅隆用了两年半的时间便完成了这一伟大创作，再一次证明了自身的实力，也因为二人的能力，让这座充满希望的体育场跻身于世界球场前列，而这座经典的现代建筑也成为慕尼黑的一座新地标。

如果说"鸟巢"和慕尼黑安联球场是成名已久的赫尔佐格和德梅隆的招牌式代表作的话，那么在他们成名前对表皮建筑的尝试则是他们成为艺术大师的敲门砖。

赫尔佐格和德梅隆在刚创立事务所的时候，和大多数创业者一样，过着艰苦的生活。那一段时间，相比起生活，用生存来说则更为贴切。两个刚毕业的年轻人在搞创作的过程中预算就十分有限。但正是苦中作乐的二人走到一家石屋厂房前看到了许多被废弃的石头，这些在商人眼里已经没有任何价值的东西却在二人的脑子里炸开了花，脑洞大开的他们迅速下定决心要把这些材料变废为宝，用这些废石堆砌起一座建筑。功夫不负有心人，他们在1980年和1988年先后建成了蓝屋和石屋，与一般建筑不同的一点是这栋建筑无论从地理角度观察还是周边环境揣摩，都仿佛与自然浑然一体。所以这栋建筑一经出世，便引来业界众多专家的一致好评。

而二人也因此信心大增，从此走上了对"表皮"精益求精的道路。

正如许多人一夜成名之后一样，设计师们在成名之后也会迅速选择一种风格作为自己的标签，来打造一种类似于品牌的东西。但是赫尔佐格和德梅隆却有着别的想法，并没有沉溺于为自己的作品留下烙印式的痕迹，而是随心所欲地任其发展。他们追求的是让建筑回归本源。此后二人更多地开始关注建筑本身的功能性，他们认为建筑并不局限于展示呈现视觉效果，更多的则是随人类社会发展而变迁的功能性物件。果然这一想法就在日后的奥夫丹姆沃夫铁路信号塔的设计中展现得淋漓尽致。

作为巴塞尔市的交通枢纽，奥夫丹姆沃夫铁路信号塔是巴塞尔市与外界沟通的门面，也是想要了解巴塞尔的必经之地。所以政府便希望其可以成为一项地标式的建筑。为了使其更具艺术感，二人决定这次建筑要使其尺度变得模糊化。因为材料只是普通到随处可见的铜片，但是艺术大家之所以被称为大家，就是因为他们总是有化腐朽为神奇的能力。在这座六层高的建筑表面，赫尔佐格和德梅隆为其包裹上了一层仅有 20 厘米宽的铜片，铜片的颜色和质感有如夕阳下旧工厂的废弃厂房一般，却又让人丝毫感受不到老旧的气息，反而有着眼前一亮的感受。此外，赫尔佐格和德梅隆还在窗户处将铜片折叠起来做成百叶的样子，目的就是使其与整个建筑浑然一体，配上外部火车轨道的映衬，二者形成完美互补，创造出一副和谐却又不失艺术韵味的佳作。通过这座建筑，赫尔佐格和德梅隆想表达的是"探索发现"对于一个建筑师的主要作用，而绝不是仅仅为了完工而完工。其实回头想来，这也与其一生的坚持、追求相一致，在其一生的创作过程中，创新一直是赫尔佐格和德梅隆乐此不疲、反复去做的事情。

# 建筑界"诺贝尔奖"获得者

　　一部又一部的作品让赫尔佐格与德梅隆在业界名声大噪，于是二人被邀请去设计世界上访问量最大的泰特现代美术馆。而正是这次设计，达到了二人事业上的巅峰。通过对伦敦泰特现代美术馆的设计研究，二人于 2001 年获得了有着建筑界诺贝尔之称的"普利兹克奖"。

　　泰特现代美术馆的前身是一个发电厂，在泰特现代美术馆的设计之中，他们把之前充满工业气息的巨大的涡旋车间摇身一变改造成了一个具有时尚性的多功能大厅。在这个大厅四周摆放着精美绝伦的艺术品，参观的人们可以倒上一杯红酒慢慢驻足观赏，如果还不尽兴大可搞一个小型聚会以艺会友，与此同时它还兼顾主要通道等功能。

在楼层的顶部，赫尔佐格与德梅隆在原有基础上加盖了六七米高的玻璃幕墙，这一画龙点睛之笔不仅解决了美术馆的自然光照问题，更是可以为前来观赏驻足的人提供罗曼蒂克的咖啡座，在品尝着咖啡的同时伦敦城的盛景同样可以一览无余。为了与之对应，旁边的烟囱也稍加改造，在其顶端加盖了一个半透明的薄板，以此来取代原有的屋顶。这个由半透明的薄板制成的顶由瑞士政府出资，所以命名为"瑞士之光"。在白天的时候，这一项设计还不怎么起眼，但是到了晚上，华彩亮丽的外衣之下宛若一座灯塔闪耀，成为伦敦夜景不可缺少的一部分。

泰特现代美术馆于 2000 年 5 月建成开馆，并于 2001 年更名为泰特英国艺术馆。就像艺术、建筑对伦敦每天的文化和社会生活产生的重大影响一样，泰特现代美术馆对伦敦的城市建设和旅游也产生了重大的影响。因此，有人大胆展望，泰特现代美术馆将与古根汉姆博物馆和卢浮宫的改建工程相提并论。

# 百变天才

在众多的艺术品面世之后，一直致力于研发奢侈品牌的PRADA也把目光投向了赫尔佐格和德梅隆。它一直渴望能将自己的购物文化与现代时尚的生活融为一体，所以在追求前卫设计这一块不遗余力。而同样喜爱艺术且作品都具有艺术气息的二人则是最合适不过的人选，于是双方一拍即合，达成了PRADA的"新旗舰店计划"。该计划力求与国际大家合作，在全球特定的几个地方开一些时尚前卫、符合企业文化的新店，达到将自家的奢侈品牌与当代建筑相结合的目的，从而树立自身在国际中的形象与标签。

赫尔佐格和德梅隆设计的是PRADA位于东京的旗舰店。在这次的设计中，由于其品牌的特殊性，赫尔佐格便想到用玻璃幕墙的形式来展示一个如水晶般的世界，通过凹凸不平的玻璃折射，使店面里面时尚的产品若隐若现，产生虚幻却又不模糊的效果。通过不同角度的折射反射，使店里面的产品、布局构造甚至是游客本身都如同置身于童话世界一般美轮美奂。完工之后的这座高达六层的玻璃大楼，从远处看就宛若一座水晶城堡屹立在东京街头。

普拉达（PRADA）东京旗舰店于 2003 年 6 月揭幕，这座具有划时代意义的建筑自然而然地成了东京新地标。菱形玻璃的设计理念颇具开创性，而且外墙形态会根据人们观赏的角度不同而改变，无论什么时候都会给人耳目一新的感觉，也给人以无限的遐想空间，有人将其誉为"人类新七大建筑奇迹"。

赫尔佐格和德梅隆曾经不止一次说过，相比起建筑本身而言他们更喜欢称之为艺术，而相比起通过建筑师的方式来完成建筑，他们更喜欢以艺术家的方式来完成。所以他们酷爱和艺术家交流，以便从中汲取灵感。伟大的艺术家约瑟夫·博伊斯就对他们产生了很大的影响。博伊斯的艺术作品不光有其本身的价值，而且通过博伊斯给它赋予的意义让它变得更加有血有肉。而仔细对比就会发现赫尔佐格和德梅隆的作品也有异曲同工之妙。他们在选取材料时也为其赋予了新的意义，从而得到更加真实的体现。赫尔佐格和德梅隆说过，他们更喜欢意境对人们的影响。与冷冰冰的石材钢筋砌成的建筑物不同，他们更希望给予这个建筑物以想象力。理想状态下他们希望人们看到这个建筑的时候更多的是联想到一些图像而非建筑本身。

另外一点对他们影响颇大的便是他们的家乡巴塞尔。在一次访谈中，赫尔佐格和德梅隆谈到自己家乡的环境。众所周知法国巴黎号称浪漫之都，世间一切的奢侈高贵在这里都应有尽有，仿佛人间天堂一般。而他们的家乡巴塞尔在这一点上也不遑多让。在他们看来，他们的家乡从来都是不受禁锢与约束的，相比起传统的文化限制，巴塞尔极度自由，在这里他们可以尽情抒发自己的满身才气，而不会被传统的潮流限制，从而形成一板一眼的特定创作模式。如今社会的发展越来越趋向于多元化，建筑师们也都得到了重新思考创新的可能性，而赫尔伯格和德梅隆就是其中翘楚。他们的作品本身就有极大的自由，而从不被场地因素所困扰。如果要从艺术的高度来理解二人的作品，那我们需要大概了解三个词，即图像、天气和光。

图像在二人的建筑里是占比最重的一部分，这从二人各个时期代表作的外观来看就显而易见了。他们对于图像的追求更多的是通过表面所展现的而达到真实的感觉。赫尔佐格和德梅隆对我们肉眼无法看到的诸如结晶原子之类的东西表现出了极大的兴趣，并学以致用地把它用在自己的建筑作品里。

天气则是另外一大因素。天气的元素在他们的建筑里也有特别明显的体现。与他们在建造过程中注意细节相契合是二人同样注重完工之后的用户体验。所以在建筑过程中他们关心的就不仅仅是晴天时候建筑物本身所呈现的状态了。以尼克拉工厂仓库为例，在下雨天的时候，雨水浇灌在建筑物上滴落下来的瞬间如同录像慢放一样，而在墙体湿润时，墙面也显得更透明。在阴雨天气也能给人以舒服的感受。但是晴天的时候，雨棚又好像一层薄膜，透过阳光可以清楚地看到面板上的图案，这些都是精心策划后达到的效果。

至于光就更好理解了。当人们忙碌了一天华灯初上的时候，各种光源打到建筑上也会产生强烈的视觉冲击。通过以上三点我们不难发现，赫尔佐格与德梅隆在对于自身的作品的要求上更多的是在追求精神上的享受。他们不满足于表面所呈现出的一切，而是更多从心灵出发，摒弃一切繁杂冗长的东西，直接以最纯粹的本心去创作，而在他们的创作过程中，材料的本质以及作品所展现出的意义才是其灵魂精神所在。

其实纵观二人截止到目前的成就以及成长经历都不难发现，他们仿佛就是天造地设的一对。冥冥之中彼此二人就是对方的互补，就如影子一般任何一方离开对方都不会取得如今的成就。恐怕唯一不同的一点就是在外形上一个看起来和蔼可亲，而另一个则冷若冰霜了吧。

雅克·赫尔佐格和皮埃尔·德梅隆都是理想远大、怀有一身抱负、有情怀有梦想的建筑师。二人都是瑞士这个美丽却神秘的国度不可多得的人才。他们不仅满足于天马行空的想象，更是会为之付出千百倍的努力，从而让理想照进现实的真正有情怀的设计师。他们赋予了冷冰冰的建筑材料以灵魂和想象空间，让它作为一个建筑来说不仅仅发挥其建筑的本身职能，更多的则是通过建筑来表达建筑师的思想情感以及为后世留下一笔宝贵的财富。而二人最成功的一点便是，通过自己的钻研和挖掘，利用顶尖的科学手段变废为宝，用普通的建筑原材料营造出富有创造力且迎合时代发展的当代建筑。相信在二人接下来的职业生涯里，必定会精益求精，继续用其天马行空的想象力为世界带来一座又一座叹为观止的艺术佳作。

# 网球大满贯冠军

## ——罗杰·费德勒

他被评为网球历史上最伟大的运动员，瑞士政府甚至发行了一套邮票来纪念他的荣耀，他也是瑞士唯一在生前就获此殊荣的人。他就是网坛传奇——罗杰·费德勒。

罗杰·费德勒（Roger Federer，1981—），瑞士著名男子网球运动员（1998 年转为职业）。出生于瑞士巴塞尔一个富商家庭。从小喜欢网球运动，14 岁进入国家网球中心。18 岁拿下温布尔登网球锦标赛青少年组单打冠军和男子双打冠军，从此开始创造他的网坛神话。从 1998—2018 年 20 年的运动生涯里，共计夺得 20 座大满贯冠军奖杯。他以全面稳定的技术、华丽积极的球风、绅士优雅的形象而著称。众多评论家、现役与退役的选手认为费德勒是史上最伟大球员之一。他不仅在网球领域取得巨大成功，亦在慈善和商业领域非常活跃。他热心公益活动，早在 2003 年 12 月就成立了一个基金会，目标是资助贫困儿童。他还是联合国儿童基金会的亲善大使。

# *01*

## 父母都是性情中人

罗杰·费德勒的父亲罗伯特·费德勒自幼就对经商有着

天才般的领悟，在他 11 岁那年就帮助父亲做成了一笔 8000 万瑞士法郎的生意。18 岁接管了父亲的烟草事业后，他的商业才华完全展露出来，开始了顺风顺水的事业。然而，富有而且高大帅气的他竟然在爱情上遭遇了挫折。

那一年的夏天，罗伯特看见了那个女孩，那个有着神奇魔力的女孩。他们恋爱了，很美好却又很短暂。2 个月之后，只是前来瑞士旅游的她就被她父亲带走了。

失恋后的罗伯特就像失了灵魂一般什么也不放在心上，事业慢慢地出现了问题。很快，他一手建立起来的商业大厦崩塌了。他从一名大老板变成了一家化工厂的实验员。父亲怪他不争气，母亲为此伤心流泪，昔日的朋友此时也所剩无几。

又一年，他隔壁住了十几年的邻居突然搬走了，转而入住了一位年轻的南非姑娘——丽奈特·杜兰。

这个姑娘似乎比他见过的其他姑娘都要活泼许多。她常常一个人坐在窗边唱一些应景的歌曲，她的声音似乎比她的长相更温婉迷人。她也会自己做一些手工艺品，很精致也很实用。刚刚搬过来的时候，她就听说过她的这位为情所伤的邻居。不知道为什么，她总是感觉对这位从未谋面的邻居有种莫名的好感，这种感觉有些说不上来的原因。可能是因为她觉得他年轻时候的商业天赋让人惊叹，也或许是作为一个女孩子，她对于几百年不遇的痴情男子的好奇。忍不住，她还是推开了他的房门。

稀疏的阳光照在眼前这个男子的脸上，许久没有梳理的头发像是无人打理的蓬草杂乱不堪，邋遢的胡须乱七八糟，但是透过这张像被人遗弃了的外表，她依然可以辨别出这张英俊的脸。罗伯特似乎对这个突然闯进来的女孩没有太大的兴趣，只是抬起很久没有看人的脸盯着这个女孩，眼睛有说不出的感觉。

"做我男朋友吧。"女孩突然说出这句话。他没有回答。沉默，沉默，还是沉默。空气好像在那一刻凝固了。"不说话就是答应喽！"女孩说得轻松而又那么认真。就这样他竟然成了有女朋友的人，真是生活充满了戏剧性。

父亲对他突然有女朋友感到异常高兴。在父亲的潜意识里，他的这个颓废的儿子终于要振作起来了。成了男女朋友的他们在行为关系上并没有太多的改变，依然是他什么也不在乎的眼神配着女孩无时无刻都像打了鸡血一般的热情。

父亲似乎对这个女孩很是喜欢。很快，父亲提出让他们结婚的想法，确实罗伯特已经不小了，同龄人都已经结婚甚至有了孩子。女孩很高兴地答应了，他没有发表任何意见，还是以一贯的沉默来回应，像是无声的反抗。

这一天是罗伯特大喜的日子，他走出了很长时间没有走出的房间，来到海边，来到这个让他充满幸福回忆的地方。他是在祈求原谅，祈求自己内心的原谅。5 年前，他心中认定的那个女孩至今杳无音讯，看着父母年纪越来越大，他又怎么忍心让他们继续没有希望地活下去，他默认了结婚，同时也对自己倔强的内心低下了头。

1973 年，罗伯特和丽奈特结婚了，罗伯特还带着丽奈特把家搬回了巴塞尔。1979 年，他们有了第一个孩子——女儿戴安娜。

1981 年 8 月 8 日，他们迎来了一个小男孩，取名为罗杰·费德勒。

# 02

## 3 岁爱上网球

罗伯特和丽奈特都是网球爱好者，在儿子罗杰 3 岁那年，他们把他带到了网球俱乐部，那是他第一次看到网球这样一项运动。当时他那小小的眼睛放出来渴望的光芒，多好玩啊！他跑过去捡起一颗球，真好玩。父母看出了他对网球的热爱，不过当时他实在是太小了，只能拿得起一颗球，根本无法接受训练，无奈，父母给他买了一个网球，小罗杰从那时起抱着那个网球，高兴地玩耍。

小罗杰8岁时，家里附近开了一家老男孩网球俱乐部，这让小罗杰惊喜万分。他开始利用学习之外的一切琐碎的时间去这家俱乐部打球。后来他得知在学校也可以参加运动，于是毫不犹豫地参加了网球和足球两项运动。

六年级时，他的"贵人"也是他的启蒙老师出现了——罗杰的外公。外公是一个身材肥胖的老头，他头发稀少，头顶上折射着睿智，他眉毛花白，眉宇间散发着英气，眼睑间却透露着慈祥。小罗杰每次去网球场时，外公像是提前知道他要来似的，总会在那里等着他，外公总是悉心地指导着他，从最基本的动作教起，帮他掌握网球的基本要领。他们玩得非常开心，汗水肆意在外公的额头上流淌，填充着他的每一条皱纹，像是一条条小河流淌在峡谷的沟沟壑壑。

老师非常喜欢这个在体育方面有如此天赋的小男孩，他在足球和网球方面的表现实在是太好了。就这样，这两项运动陪伴他度过了整整3年。根据瑞士关于运动员的规定，专业运动员不可以同时参加两项运动，11岁的他早就下定决心要进入国家队了，因此他不得不从他心爱的两项运动中选择一样，这个选择很是残酷，也很是让他纠结，网球是外公陪他从小一直练的，足球运动则是他喜欢的运动形式。这个选择太难了。经过几天的思考，他决定去求助外公，他跟外公说出了他内心的纠结，外公告诉他，听从你内心的声音。

内心的声音到底是什么，他听不到，他一个人来到学校的操场，随意地躺在草坪上，阳光照在他的脸上，他不自觉地闭上了眼睛,脑海中浮现出外公陪伴他练网球的种种往事，他明白了，网球中所包含的不仅仅是他对网球的热爱，更是一种说不出的亲情的陪伴，他决定选择网球，他相信他的选择是对的，网球一定会让他成功的。

由于先天的禀赋和小罗杰后天的不懈努力，14 岁那年，小罗杰在众多竞赛中脱颖而出，被国家网球队看中，并成功地进入国家网球中心接受正规的国家级训练。以前在学校的时候，整个学校的体育运动奖项他都几乎一并拿下，进入国家队后，发现真是天外有天，人外有人。他不得不抽出更多的时间进行网球训练。

不知不觉中，费德勒长大了。对网球几近疯狂的热爱使他做出了高中辍学的决定，而从那时起，他就开始参加各种大大小小的比赛，扎实的基础以及数年的"童子功"，使他对比赛的处理得心应手，游刃有余。疾如闪电的接球，迅猛有力的击打，灵活多变的脚步，让他赢得了每一次完美的胜利。

# *03*

## 荣耀加身

1998 年是费德勒人生重要的转折点。

这一年，他参加了世界网球公开赛的青少年组的比赛。面对不同国家的青少年网球运动员，费德勒没有慌张，他深知知己知彼才能百战不殆，他从以前各个选手的比赛中，分析出对手的作战策略以及致命的弱点，并给自己进行强势训练。最终他一次次打败对手，在世界青少年的排名中荣登第一。

这一年，费德勒还一鼓作气拿下了温布尔登网球锦标赛青少年组的单打冠军和男子双打冠军。

在同年的美国网球公开赛青少年组中，费德勒又进入决赛。在决赛中，同时也是他参加网球青少年时期的最后一场比赛中，他遇到的对手是阿根廷的哥里亚。哥里亚打球力度很大，有很强的主动攻击性。费德勒经观察后，发现这个凶猛的对手并不是一个有耐心的人，得分不多就很容易心情烦躁，从而失误增多。有了这样的观察，费德勒对于这场比赛更是胸有成竹了。在第一场的比赛中，费德勒并没有着急得分，球打得不温不火，对手猜不透费德勒的心思，依旧是一贯的急躁打风。费德勒不慌不忙，在第一局平手的情况下，第二局稳中求胜，打败阿根廷的哥里亚拿下冠军。哥里亚到最后也不明白这样一局不温不火的球是怎样一步步让费德勒赢的，这也是费德勒自行琢磨的一种温柔战术，在对手防不胜防时迅速占据优势，打败对手。费德勒也因此以青少年组年终世界排名第一结束了这个赛季。

因为在网球比赛中的突出表现，费德勒在1998年7月被瑞士国家队选中，成为瑞士男子职业网球运动员。

正式转为职业球员后，费德勒开始不断摸索带有自身特色的网球打法。在反手方面，他不断吸取以前的经验，并且结合优秀运动员的打球方式，探索出属于自己的反手特点。他的削球不是简单的过渡，而是结合正手进攻的杀招，经常能用反手把球削到对手反手位靠近网的地方，将对手调动到中场或者网前。以他这种打法削过去的球，有极大的可能让对手的回球出线，因为打过去的球落地后的反弹高度特别低，这个时候，费德勒便有充足的时间在中场，用正手从容地打对方空手位的空当，这是他的一个比较典型的战术。不仅如此，费德勒反手的上旋球也是史无前例，打出的角度很大，通常能够在对手毫无防备的情况下，出其不意地赢得比赛。

除了反手很厉害，费德勒自创的发球也让人叹服，他的发球是非常重要的得分武器之一。打球跟做人一样，无论何时都要稳，小的时候他的外公曾经告诉他，发球来得分虽然非常的艰难，但并不是不可能，只要把注意力全部集于一身，达到真正的人球合一，就能拿到打球的关键分。费德勒的发球不能说是最完美的、最华丽的，但是他发出的球可以说是十分厉害，没有人能够轻易接到他的球，他发出的球常常是非常的苛刻，不是那么好接，速度也是极快，很少有人能够在如此快的球速中接到球，所以，他得分的速度很快，效率也很高。

我们知道，要想取得一项技术上的成功，任何细小的地方都是非常重要的，就算只是一个小小的握拍姿势，在网球比赛上也是取得成功的关键。费德勒握拍，不拘泥于一种握拍方式，他的握拍方式变化多端，力度到位，发出球去威力惊人，他的握拍被普遍认为是史上最好的正手，这是他以握拍获取胜利的杀手锏。他的正手球路很是厉害，和他发球的特点结合，他的握拍打出来的球角度开得很大，而且落点特别的准，力量、速度、角度皆趋于完美，这三种关键点完美地结合起来，变化多端，让人无法预测，常常在对手始料未及时给对手以致命的一击。

# *04*

## 战胜病痛，再创奇迹

人一旦达到一个顶峰之后就会不自觉地有所倒退，费德勒也难逃这样的循环。费德勒在上一次打败桑普拉斯之后的两年里并没有任何的突破，这也引来很多猜测，甚至怀疑。他的好运气已经快用完了吗?

外公知道他的情况后，跟他谈了心，聊了一些与网球并没有关系的事情。外公这样做，反而让费德勒知道了自己的问题出现在什么地方，他突然认识到，这两年来没有任何技术方面的突破，最大的原因是他得到如此大的成就之后，压力太大了，他太害怕无法突破上一次的成绩，所以在比赛时心里总是想着成绩，而不是真正表现出对网球的热爱。这使得他大大分心，无法一心专注于网球比赛，违背了他的初心，因而，无法有大的突破。

知道自己的问题后，费德勒给自己放了几天假，放松了一下身心。他明白了，成绩、名次都是身外之物，当初选择进入网球国家队，是因为自己对网球的热爱。从这以后，费德勒重新带着自己最初的那份对网球的热爱回到比赛中。

2003 年，费德勒参加温布尔登网球锦标赛并夺得冠军，2004 年，费德勒在世界排名中夺得第一，这也是他长大后首次在世界排名中位列第一。2004 年，费德勒已经 23 岁了，这位网球大师在这个年龄卫冕冠军并度过了他个人职业生涯成绩最好的一个赛季，收获了 11 项冠军，其中包括 3 项大满贯、3 项大师系列赛和网球大师杯的桂冠，在男子职业网坛中傲视群雄。

2005 年，费德勒在比赛中的战绩是 81 胜 4 负，这个成绩虽不能算是世界第一，但也是仅次于麦肯罗单赛季创造的 82 胜 3 负的成绩。不过，在费德勒的心中，尽力就好，不会去攀比什么的。正是因为保持着这样的心态，费德勒陆续赢得了 11 个单打冠军，其中有两个大满贯冠军，4 个大师系列赛冠军，这样的成绩不仅在当时，在整个网球比赛历史中也是十分优秀的，使人难以望其项背。当然，这一成绩也让他连续成为世界排名第一的选手。

2006 年，费德勒创造的奇迹还在继续，这一年他一共参加了 17 项赛事，在他所参加的这 17 项赛事中，他一如既往地所向披靡，16 次杀入决赛，并在决赛中精彩地夺得了 12 个冠军。其中 3 个为大满贯冠军，总战绩听起来让人简直不敢相信，费德勒在这么多的比赛中几乎每场比赛都以全胜告终，仅仅输了 5 场，以 92 胜 5 负的辉煌成绩宣告赛季结束。

这次，他的成绩远远超过麦肯罗创造的单赛季 82 胜 3 负的成绩，赢回了有史以来最辉煌的时刻。同时在年终大师杯决赛中，费德勒以 3:0 让美国名将布雷克心服口服。这一年，他共夺得 12 个冠军，至此也达到了他个人网球职业生涯的巅峰。

不过，费德勒并没有停下他征战网坛的步伐，而是选择继续向前。2007 年，他的成绩为 69 胜 9 负，共获得 8 个单打冠军头衔。2008 年以后，由于年龄的问题，也有家庭分心的因素，他的状态似乎有所下滑。也是在这一年，他被查出有单核细胞增多症。受这两方面的影响，费德勒的战绩逐渐下滑，成绩为 66 胜 15 负，总共获得 4 个单打冠军，这是他成功以来的最低纪录。当然世界第一王座无法继续保持，竞技体育的残酷之处就在于不可能做永远的第一，费德勒已经奉献出了自己最大的努力。

2008 年 8 月 18 日，费德勒的世界第一的王座易主纳达尔。自 2003 年以来他战绩赫赫，但没有永远的第一，也是自 2003 年以来，费德勒首次全年无缘大师系列赛冠军，这也到了他网球事业的瓶颈期，同样也是自 2002 年以来首次在年终大师杯小组赛即遭淘汰。这样的成绩对于曾经是世界第一的他打击不小。不过，他也明白自己该让给年青的一代了，他在自己最后的网球生涯中拼尽全身去努力。在澳洲网球公开赛中，费德勒进入四强，也再没有突破，止步于四强。在法国网球比赛中，费德勒也只是取得了亚军的成绩。不过，在美国网球公开赛中，他依旧登上了冠军宝座，同时成就了美国网球赛五连冠的辉煌。在北京奥运会的网球男子双打比赛中费德勒与瑞士同胞瓦林卡共同夺得冠军。

2009 年，法国举行的网球公开赛中，费德勒首次在罗兰·加洛斯捧起象征冠军至高荣誉的火枪手杯，这也象征着无数热爱网球比赛的人们对他至高无上的肯定。

2009 年，温布尔登网球公开赛上，费德勒的成绩虽然没有之前那么令人震惊，但是仍然在这场比赛中夺得冠军，成绩为 16:14，最终以 3:2 战胜对手罗迪克，并且以 15 个大满贯头衔超越桑普拉斯晋升网坛第一人。虽然这样的战绩可喜可贺，但是在接下来连续三项大满贯中，他却出人意料地失败了，未能进入决赛，也终止了他从 2004 年法国网球赛以来连续 23 次进入大满贯半决赛的纪录。在温布尔登网球赛中的这次失败，让他停止了连续 7 年进入温网决赛的纪录。在美国网球赛中的失利，终止了他连续 6 年进入美国网球赛中的纪录。不过一贯追求完美的他没有向失败低头，在世界巡回赛总决赛进入决赛后，他凭借坚强的毅力击败拉斐尔·纳达尔，拿下第五座年终赛冠军杯。

……

费德勒创下了这么多的纪录，背后付出的努力，让我们无法想象。2013 年，罗杰的身体素质明显下降，在家人的强烈要求下，他不得不进入医院检查自己早已破碎的身体，结果不是很乐观，费德勒的病情很是严重，甚至已经到了晚期的状态，知道这个消息之后的费德勒有了些许的沉默，这是他长这么大以来沉默最久的一次……

费德勒没有放弃，他要继续，继续投入他的战斗中，毫无畏惧地继续战斗。

2017 年 1 月 29 日，费德勒在澳大利亚网球公开赛中夺得第 18 个大满贯。

2017 年 7 月 16 日，冠军争夺战中，费德勒以 6:3、6:1、6:4 横扫首次打进温网决赛的 7 号种子西里奇，不失一盘拿下第 8 个温网冠军，同时也是他的第 19 个大满贯冠军奖杯。

如果细数费德勒在网球比赛中的成就，怕是几天也数不完。不过获得了如此之多成就的费德勒，并没有陶醉在这偌大的辉煌之中。成名之后的他并没有偏离自己的人生方向，如果说外公是给他播下了关于梦想的一颗种子，那么社会则用一次次的磨难将他摔打成人，或许正是应了那句话，只有根植于苦难中的成功才是最有意义的成功。

费德勒在比赛之余，用自己几乎全部的精力投身于公益与慈善事业，寻访并资助热爱学习、热爱网球的贫困少年；

投资体育、交通、医院等公众设施建设；创立公益性的基金会；帮助家乡发展教育，体育事业；救助弱势群体，为他们提供免费的教育、医疗等服务；在山区开办免费的网球学校……

那一次的公益活动总是让他记忆犹新，那是一个非常贫困的山区，现在生活优越的很多人绝对想象不到那是一种怎样的贫穷。贫穷自古以来就是令人害怕的，但是这种害怕似乎没有吓到那位年仅6岁的小少年。少年黑黑的，不爱说话，似乎还有点怕人，初次见到费德勒，少年有些意外，小小的眼睛有些藏不住的喜悦。村长跟费德勒透露，这名少年名叫弗莱德，从小很喜欢网球，但是从来没有真正拿到过网球，平日里，他也就是自己制作一个像网球那样的球和球拍，自己尝试着去打，那根本不好用，但是他也非常高兴。看到这个少年，费德勒想到了小时候的自己，他们都是热爱网球的人，有着共同的兴趣爱好，但是命运如此不同，他从小接受专业的网球训练，一步步成为专业的网球运动员，成为梦想中自己的样子。现在的他，很喜欢这样的自己，最终通过自己的努力成为自己喜欢的样子。从自己想到眼前的这个小男孩，如果他也能成为自己心中的样子，他该有多么的高兴。想到这里，他慢慢地走到那个小男孩面前，弯下腰，温柔地跟他说，梦想是一定要坚持的，你说对吗？小男孩同意地点点头，费德勒笑了，是发自内心的笑。过后他告诉助手资助这个小男孩关于网球的一切开支,让他参加专业的网球训练,拥有属于他自己的球与球拍。帮助自己实现梦想是一种小爱,帮助他人实现梦想是一种大爱。费德勒不仅实现了自身的梦想,更希望让他人实现梦想。

2003年12月,费德勒成立了自己的慈善基金会——罗杰·费德勒基金会,致力于帮助残疾儿童,并支持青年体育运动。

2006年4月,费德勒被指定为联合国儿童基金会(UNICEF)的亲善大使。

2006年、2013年,费德勒两次获得阿瑟·阿什人道主义精神奖。

2007年,瑞士邮政为费德勒发行了一套邮票,费德勒成为史上第一次活着享此殊荣的名人。

2010年,奥地利邮局也为费德勒发行了邮票。这是他第二次登上邮票,也是奥地利邮票史上首次为仍然在世的名人发行邮票。这在网球运动员乃至所有运动员中都绝无仅有。

2011年9月,国际权威咨询机构公布"全球名人声望榜",费德勒在排行中名列第二位,仅次于"南非国父"曼德拉。

2012年3月美国《网球频道》评选出史上最伟大的100名网球运动员,费德勒排在第一位。

2017年4月,为了筹集支持非洲教育事业的资金,世界首富比尔·盖茨与费德勒搭档，在西雅图钥匙球馆（Key Arena）对阵世界排名第 25 的约翰·伊斯内尔（John Isner）和西雅图珍珠果酱乐队（Pearl Jam）的主音吉他手迈克·麦克里迪（Mike McCready）。对此，比尔·盖茨发表声明说："我是费德勒的忠实粉丝，不管是球场上还是球场下。我们都很喜爱网球（尽管他可能比我打得好一点），而且我们认为所有的孩子都值得拥有世界级的教育。他和他的家人正在从事一些了不起的慈善工作，费德勒的基金会在支持非洲的教育事业上做得很棒，因此能为了这个重要的事业和他一起打球将十分有趣。"

现在，费德勒正值青壮年时期，30 多岁的他已经是 4 个孩子的父亲，除了公益的责任外，他的肩上又多了做父亲的责任。他经常带孩子们出去打网球，就像外公悉心地指导他一样。他也会耐心细致地指导着孩子们，孩子们的欢声笑语时常回荡在网球场上。阳光下，费德勒脸上的汗水将他作为父亲的慈爱和坚韧展现无遗。每当夕阳西下时，他们一家 6 口的背影总是能构成一副美好而温馨的图画。

# 后　记

　　"一带一路"相关国家众多，代表性人物众多，为中外交好、民心相通作出杰出贡献的人士众多，因此，为"一带一路"璀璨群星立传，既使命光荣，又责任重大。在这项浩大工程的策划、组织、执行过程中，有许许多多的人士参加了有关传主的名单征集和审定，以及写作、翻译、审读、编辑、出版、筹资、联络等繁重而琐细的工作。所有参与的人员，以拳拳报国之心，尽深厚学养之力，克服了时间紧、任务重、要求高、压力大等诸多困难与挑战，最终圆满完成了任务。在本书付梓之际，丛书编委会特向参与本项目的全体同志致以崇高敬意和衷心感谢！

　　同时特别需要鸣谢的是，提出策划并领导实施此项目的中国传记文学学会会长王丽博士，基于长期法律实务经验和担任"一带一路服务机制"主席职务的便利，她对相关国家和走出去的"一带一路"建设者和广大青少年的需求了解真切，提出应当为他们写一套介绍各国典型人物的简明易读的传记，为他们提供健康的精神食粮。她把这项"额外"的工作当成了事业，联袂商会筹集资金、苦口婆心招揽作者、精心挑选传主名录、夙夜青灯挥笔写作、近乎偏执逐字推敲、亲力亲为呕心沥血。面对如此浩大的出版项目和繁重的出版任务，当代世界出版社毅然承担了绝大部分图书的出版任务，而且出版社的领导与中国传记文学学会的负责同志一起协商，寻求有关部门的支持和帮助，努力将该传系打造成高质量的精品好书。在此，我们特向项目牵头人和当代世界出版社相关领导和编辑致以崇高敬意和衷心感谢！

尤其让我们感动的是，在项目执行过程中，一些富有家国情怀的民间商会和企业家的慷慨解囊，虽不足以支撑项目的全部费用，但是他们所表现出的热心和支持，让我们坚定了走下去的信心和决心。在此，我们要特别鸣谢为本书的创作出版做出捐赠支持的中国民营经济国际合作商会、亿阳集团股份有限公司、富通集团有限公司以及太平洋证券股份有限公司，并对他们的拳拳报国之心和慷慨无私帮助致以崇高敬意和衷心感谢！

一项伟大的事业，离不开许多默默无闻的奉献者。在本传系的组织、编写、出版过程中，有历史、文学、科研、外交、教育、法律、翻译、出版等领域的数百位专业人士参与，恕不能在此——详列。需要特别提出的是，鞠思佳、徐帮学、景峰等同志为组织联络、搜集资料到处奔波而毫无怨言，唐得阳、唐岫敏、白明亮、谭笑等同志在编写、翻译、编辑、校对过程中的细致与负责让我们感动，赵实、胡占凡、高明光、吴尚之、刘尚军、李岩、王灵桂、李永全、陈小明、许正明、宋志军等同志睿智的指点和专业的帮助让我们避免了走许多弯路。在此，我们特向以上各位同志致以崇高敬意和衷心感谢！

当然，由于我们水平所限，本丛书难免有某些不尽人意之处和瑕疵，敬请学界专家和各位读者不吝赐教，我们将在作品再版之时吸收完善。在此，我们也向各位读者提前表示崇高敬意和深深感谢！

"'一带一路'列国人物传系"编委会

2019 年 3 月 30 日